AF503209

ÉLÉVATIONS D'EAU.

ALIMENTATION DES VILLES

ET

DISTRIBUTION DE FORCE A DOMICILE,

Par M. L.-D. GIRARD,

INGÉNIEUR CIVIL.

N° 1.

PARIS,

GAUTHIER-VILLARS, IMPRIMEUR-LIBRAIRE

DU BUREAU DES LONGITUDES, DE L'ÉCOLE IMPÉRIALE POLYTECHNIQUE,

SUCCESSEUR DE MALLET-BACHELIER,

Quai des Augustins, 55.

1868

VILLE DE PARIS, SERVICE MUNICIPAL. — USINE HYDRAULIQUE DE SAINT-MAUR.

ÉLÉVATION D'EAU. — L.-D. GIRARD. — NOUVEAU SYSTÈME.

VUES EN ÉLÉVATION.

1.   2.   3.

VUES EN PLAN.

1.   2.   3.

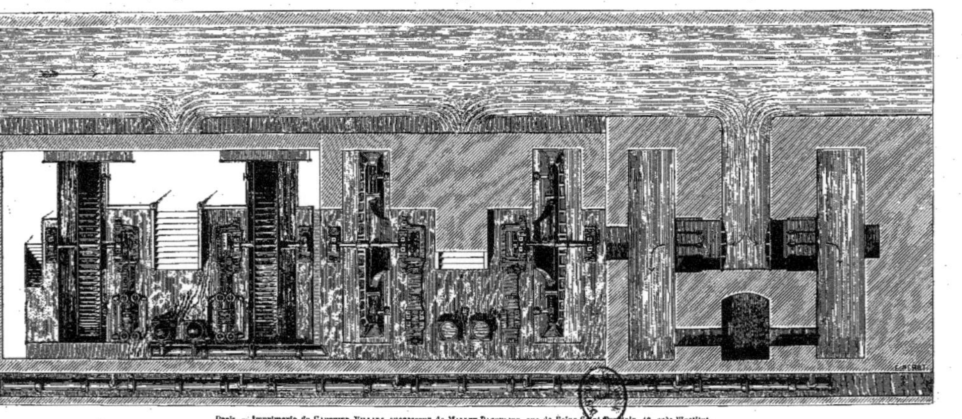

Paris. — Imprimerie de Gauthier-Villars, successeur de Mallet-Bachelier, rue de Seine-Saint-Germain, 10, près l'Institut.

USINE HYDRAULIQUE DE SAINT-MAUR.

ÉLÉVATION D'EAU L.-D. GIRARD. NOUVEAU SYSTÈME (1864).

ROUE-TURBINE ET POMPE A DOUBLE EFFET, ET A PISTON PLONGEUR, FORCE, 120 CHEVAUX.

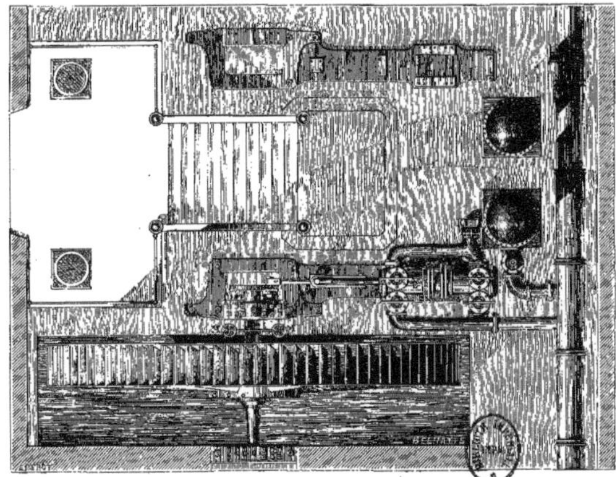

Diamètre de la roue, 12 mètres. — Diamètre du piston, 700 millimètres. — Course, 1 mètre. Nombre de tours, 8 par minute. — Volume d'eau élevé, 90 litres par seconde (7 800 000 litres en 24 heures). — Quatre appareils semblables élevant ensemble 31 200 000 litres par jour, à 75 mètres de hauteur.

ÉLÉVATIONS D'EAU.

ALIMENTATION DES VILLES.

Depuis longtemps j'avais le projet de publier sous le titre : *Élévations d'eau. Alimentation des villes*, les travaux que j'ai exécutés à ce sujet, et je n'attendais pour cela qu'une grande application des machines et appareils hydrauliques que j'ai créés. Aujourd'hui, l'usine de l'élévation d'eau de Saint-Maur, que la ville de Paris vient d'édifier, m'offre une belle occasion pour entreprendre cette publication. Je commencerai par cet important travail, en faisant connaître les éléments qui le composent et le projet présenté le 19 décembre 1863 à M. le Sénateur Préfet de la Seine.

J'ai cru utile de faire suivre cette présentation des écrits qui ont paru dans quelques journaux au sujet de l'usine de Saint-Maur, écrits auxquels j'ai dû répondre, pour compléter les explications données et pour rétablir les faits dans toute leur vérité.

En attendant que je puisse publier un procès-verbal complet sur les expériences faites à Saint-Maur, j'ai inséré le procès-verbal des expériences de la ville du Mans, qui ont été faites sur une élévation d'eau pour laquelle j'ai employé des appareils semblables à ceux de Saint-Maur.

Je ferai suivre ces documents de quelques réflexions sur les élévations d'eau déjà faites et sur celles qui pourraient encore être exécutées pour augmenter l'approvisionnement d'eau de la ville de Paris. Je terminerai par les considérations sur la distribution de force motrice à domicile, qui pourrait être faite en utilisant la force naturelle des fleuves et des grandes rivières, ce qui tendrait à l'émancipation du travail industriel et aurait pour résultat d'accroître la richesse publique.

J'ai besoin, avant de commencer la lecture des documents que je veux mettre sous les yeux de mes lecteurs, de revenir sur mes pas, pour faire connaître ce qui m'avait conduit à m'occuper d'élévations d'eau au début de ma carrière d'Ingénieur civil ; et le grand développement que cette question a pris a prouvé que j'avais entrevu alors tous les bienfaits que les élévations d'eau peuvent répandre dans toutes les cités grandes et petites en y distribuant l'eau économiquement.

En 1839, j'avais découvert un principe hydraulique en cherchant les moyens d'utiliser la puissance perdue dans les canaux de navigation. Il consistait dans la disposition d'un grand bassin flottant qui permettait, au moyen d'un siphon, de remplir et de vider le sas des écluses alternativement, et pour ainsi dire sans perte de puissance, car cette perte se réduisait à quelques centimètres de hauteur de chute, alors que, toutes choses égales d'ailleurs, la perte réelle qui se faisait pour le passage des bateaux était de deux à trois mètres.

Comme on peut le voir, cet appareil donnait un effet utile à très-peu près égal au travail absolu du moteur.

Le projet d'écluse à siphon alternatif et à bassin flottant fut reconnu, par le Conseil général des Ponts et Chaussées, le plus ingénieux, et surtout le plus pratique, de tous ceux qui avaient été présentés depuis la création de la navigation artificielle, pour économiser l'énorme perte d'eau qu'exige le passage des bateaux d'un bief dans l'autre, et concluait à une expérience immédiate.

L'Académie des Sciences, reconnaissant le mérite de cette invention, par le Rapport du très-illustre Académicien que la France vient d'avoir la douleur de perdre, le général Poncelet, décerna à cette découverte, en 1845, la totalité des sommes disponibles du prix de Mécanique de 1843. N'ayant pas eu le bonheur de voir cette première conception appliquée, comme cela m'avait été promis, promesse réitérée par M. le Ministre des Travaux publics, le 13 février 1846, à la Chambre des Députés, en répondant à une interpellation, sur ce sujet, de M. Ardant, officier du génie, je dus chercher à tirer parti de ce principe dans l'industrie privée. Je voulais l'employer comme moteur, et c'est à quoi je travaillais depuis plusieurs années. J'avais cru apercevoir que je ne pouvais appliquer utilement ce principe qu'aux élévations d'eau à de petites hauteurs, pour des irrigations par exemple, car les appareils devenaient très-encombrants pour les élévations d'eau alimentant des villes.

Je crois qu'il serait très-intéressant de faire connaître ici tous les appareils que j'avais imaginés pour élever l'eau par l'équilibre direct entre les colonnes d'eau montantes et celles descendantes, ce qui annulait toute espèce de frottement de bielles, glissières, etc., et en général d'organes de transmission.

C'est par ces combinaisons que j'arrivai finalement à une nouvelle machine à colonne d'eau, que je présentai à l'Académie en 1848, en la faisant fonctionner dans la cour de l'Institut. Cette machine fut l'objet d'un Rapport par M. Combes en 1849, qui concluait à l'insertion du Mémoire que j'avais présenté dans le *Recueil des Savants étrangers.*

Tout favorable qu'il était, ce Rapport fut un empêchement pour la mise en pratique de cet appareil dans l'industrie privée. En effet, il contenait certaines restrictions qui firent reculer les personnes mêmes qui avaient déjà adopté la nouvelle machine à élever les eaux. Il suffisait probablement pour M. le Rapporteur d'avoir reconnu un certain mérite dans l'invention pour lui donner une récompense académique.

Qu'il me soit permis, au sujet de cette nouvelle machine, de rappeler un incident qui provoqua chez moi le commencement du perfectionnement de tous les moteurs hydrauliques en général, et dont quelques types figurent dans la présente brochure.

M. Darcy, devenu en 1848 Ingénieur-Directeur des eaux de la ville de Paris, en remplacement de M. Mary, avait été frappé des avantages qu'on pouvait tirer de la nouvelle machine à colonne d'eau, que j'avais nommée *moteur-pompe.* Et comme, à cette époque, j'avais conçu un grand projet pour élever les eaux au barrage de la Monnaie, M. Darcy fit nommer une Commission pour assister aux expériences sur une machine à colonnes d'eau qu'il m'avait fait installer dans les bassins de Chaillot. De cette Commission faisait partie M. Michal, alors Ingénieur en chef de la navigation de la Seine, qui garda toujours un très-bon souvenir de mes travaux hydrauliques. Les essais ayant été satisfaisants dès le début et en présence de la Commission : « Me voilà arrivé, me disais-je, je vais enfin retirer le fruit de dix ans de travaux ! » Illusion, hélas ! Un seul mot de moi relevant une erreur de M. Darcy causa la ruine de tous mes projets d'avenir fondé sur le résultat que j'attendais de la grande élévation d'eau projetée au Pont-Neuf.

Comme, malgré cet incident, M. Darcy paraissait toujours bienveillant et très-appréciateur de mes travaux, je continuai mes visites, pensant que cet incident perdrait de sa valeur avec le temps, d'autant plus que quelques Membres de la Commission avaient trouvé très-juste l'observation que j'avais faite à M. Darcy. Je reconnais aujourd'hui, vingt ans plus tard, que dans mon intérêt il eût mieux valu que je me fusse trompé. En effet, dans une visite que je fis à M. Darcy, je fus très-surpris de voir sur son bureau un tracé de turbine qu'il était en train d'imaginer pour l'utilisation de la chute du Pont-Neuf ; je lui en fis l'observation. « En effet, me dit-il, j'ai changé d'avis : nous allons construire des turbines qui pourront marcher dans de meilleures conditions que les machines

à colonne d'eau. » M'étant occupé de ce genre de moteurs, je lui proposai de lui fournir sous peu quelques études sur ce sujet, et, quinze jours après, j'arrivai avec un gros dossier contenant des turbines, des roues de toutes sortes, qui pouvaient marcher indépendamment des hautes crues d'aval et avec des volumes d'eau variables ; en un mot, je venais d'imaginer les *appareils hydropneumatiques.* En présence de ce travail, M. Darcy avoua qu'on ne pouvait faire mieux. Je crus à ce moment que mes turbines et roues hydropneumatiques allaient être approuvées par lui. Encore une et dernière illusion, car dans la visite que je lui fis pour la dernière fois, je vis sur son bureau un projet de machine à vapeur, système du Cornouailles, pour remplacer les anciennes machines de Chaillot. « Ah ! lui dis-je, voilà du nouveau. — Oui, me répondit-il, nous voilà dans les machines à vapeur ; c'est ce que nous allons exécuter définitivement. — Prenez garde, lui dis-je, la décision que vous prenez là pourra être très-onéreuse pour la ville de Paris, et d'après ce que je vois par le simple aperçu de vos plans, vous allez construire des machines qui ne pourront pas fonctionner dans les conditions des machines de Cornouailles, et vous brûlerez en charbon au moins le double de la consommation ordinaire des machines de ce genre. — On nous a garanti, me dit-il, une consommation maximum de 1^{kil},30 par heure et par force de cheval en eau montée. » Je lui répondis que je ne voudrais pas être obligé de payer la carte supplémentaire de charbon brûlé, si les machines étaient exécutées telles que le représentaient les plans. « C'est du moins, lui dis-je, mon appréciation, et je ne pense pas que vous voudriez modifier vos projets d'après les conseils que je pourrais vous donner, même dans ce genre de machines. »

Nous étions à cette époque, je crois, en 1850, et en 1851 je projetai une machine de Cornouailles à double effet, pour laquelle j'aurais garanti, à mes risques et périls, une consommation de charbon de 1 kilogramme seulement par force de cheval en eau montée.

Or les machines construites d'après les idées de M. Darcy, après avoir subi de la part des Ingénieurs qui lui ont succédé des modifications importantes devant faciliter leur fonctionnement, brûlent encore aujourd'hui environ 3 kilogrammes de charbon par force de cheval en eau montée.

Voilà donc l'œuvre que M. Darcy a laissée, et la part qu'il a prise à l'établissement des élévations d'eau de la ville de Paris.

Si nous cherchons maintenant ce que laissera derrière lui le Directeur actuel du Service municipal, M. Michal, qui faisait partie, en 1848, de la Commission Darcy, nous trouvons environ 1000 chevaux de force naturelle utilisée (1), et qui n'exigent pas un seul kilogramme de charbon, sans compter 1000 autres chevaux qu'on pourra prendre sur une chute située en amont de Paris, et 1000 autres chevaux qu'il est facile de créer au moyen d'une chute située en aval de Paris, si l'on suit l'exemple donné par le partisan éclairé de l'emploi des forces motrices naturelles.

---

(1) Saint-Maur, Isles-lès-Moldenses, Trihardou.

PROJET D'ÉLÉVATION D'EAU DE SAINT-MAUR.

———

A Monsieur le Sénateur Préfet de la Seine.

MONSIEUR LE PRÉFET,

Je me dispose, en mon nom et en ceux de MM. Callon, ingénieur, et Feray d'Essonnes, constructeur, à concourir pour l'adjudication qui doit être faite, selon le cahier des charges, de Pompes élévatoires et de leurs transmissions de mouvement, pour l'Usine hydraulique qu'on doit établir à la chute de Saint-Maur.

En dehors de ce concours, j'ai l'honneur de soumettre à Monsieur le Sénateur Préfet un projet d'ensemble de machines spéciales de la force d'environ 700 chevaux (6 appareils de chacun 120 chevaux), qui se prêtent infiniment mieux aux élévations d'eau que tous les moteurs imaginés dans ces derniers temps. Ce qui le prouverait, c'est que MM. les Inspecteurs généraux *Mary* et *Dupuit*, qui ont été successivement Ingénieurs en chef des eaux de Paris, ont approuvé des projets semblables pour la ville du Mans et ailleurs; et les expériences qui ont été faites, tant sur la marche régulière de l'appareil que sur le bon effet utile en eau montée, ont été couronnées de succès, puisque le rendement garanti de 40 pour 100 en eau montée a été de 50 *pour* 100 lors des essais.

M. Mary avait posé comme condition du marché un effet utile de 40 pour 100 en eau montée, parce que tel est le rendement à attendre pratiquement d'une machine du genre de celles qu'on placerait sur les turbines de Saint-Maur.

Le résultat obtenu dans les expériences faites, et que je garantirais pour l'application de Saint-Maur, donnerait avec la même force disponible, et à peu près les mêmes capitaux engagés dans l'achat et la construction de l'Usine, environ *un quart de plus* en eau montée.

Ce supplément que donne la nouvelle combinaison équivaut à l'obtention gratuite d'une chute d'une puissance égale au quart de celle de Saint-Maur, c'est-à-dire que si l'Usine entièrement établie coûte quatre millions à la Ville, le nouveau projet lui donnera une valeur réelle de cinq millions.

En présence d'un résultat aussi supérieur à ceux que peuvent promettre les anciennes machines, j'ai l'espoir que Monsieur le Sénateur Préfet voudra bien appeler la sérieuse attention de MM. les Ingénieurs du Service municipal sur le projet que j'ai l'honneur de lui soumettre, et sur la Note explicative qui l'accompagne.

Je serai d'ailleurs tout à la disposition de Monsieur le Sénateur Préfet pour compléter au besoin le projet dans ses détails.

Recevez, Monsieur le Sénateur Préfet, l'assurance de mon entier dévouement.

Paris, le 19 décembre 1863.

D. GIRARD,
Ingénieur civil.

———●●●———

En dehors du concours ouvert pour l'établissement des pompes que doivent faire mouvoir les turbines projetées à l'usine de Saint-Maur, j'ai cherché une combinaison nouvelle de moteurs et de pompes; un type de ce nouveau système, adopté par M. l'Inspecteur général *Mary*, a été établi au Pont-de-Gesnes, chez M. le marquis de Nicolaï; un autre, adopté par M. l'Inspecteur général *Dupuit*, est destiné à la ville du Mans.

L'empressement avec lequel ces Ingénieurs si compétents en matière d'hydraulique ont adopté la combinaison nouvelle d'élévation d'eau au moyen d'une chute d'eau motrice, avant même qu'aucune machine exactement pareille eût reçu son application, prouve combien ce système offrait d'incontestables avantages à tous les points de vue.

La combinaison était en effet séduisante :

1° *Suppression des engrenages* par l'action directe du récepteur sur les pompes.

2° *Vitesse convenable* pour un bon fonctionnement des pompes : dix à onze coups par minute. La marche n'est ainsi ni trop lente, comme à Marly, ni trop rapide, comme parfois on veut faire fonctionner ces organes animés d'un mouvement alternatif.

3° Comparé aux turbines ordinaires, ce moteur possède pour la distribution et la réception de l'eau des *organes très-grands*, moins sujets par conséquent à être engorgés; de plus, la couronne mobile étant complètement hors de l'eau *peut être facilement visitée et débarrassée des corps étrangers* qui, par impossible, seraient demeurés dans l'aubage.

4° Dans l'établissement général du système n'entrent que des matières en quelque sorte *indestructibles;* pour toutes les parties qui sont dans l'eau, on n'emploie que de la fonte et de la pierre de taille.

5° *L'effet utile* en eau montée par le nouvel appareil est plus grand que par les turbines; c'est ce qu'a démontré depuis l'expérience faite chez M. le marquis de Nicolaï : sous une chute qui, pendant la durée des essais, n'a été que de $1^m,37$, l'appareil a donné plus de 50 *pour* 100 d'effet utile en eau montée.

I.

Ce résultat, si satisfaisant déjà, le sera davantage encore à Saint-Maur, où la chute est de 4 à 5 mètres au lieu de 1^m,37, car la force vive conservée par l'eau à sa sortie sera dans un rapport bien moindre avec la force vive totale.

6°. La grande régularité du nouvel appareil essayé au Pont-de-Gesnes est due à une certaine vitesse de la couronne mobile, qui se trouve ainsi faire volant; cependant cette vitesse est faible, à cause de la petite hauteur de chute à utiliser.

Cette régularité se manifestera à plus forte raison dans le cas qui nous occupe, attendu que la vitesse de la couronne mobile sera *plus que doublée*, ce qui, à égalité de masses, donnerait *quatre fois* plus de force vive. Et comme la masse est au moins cinq fois plus grande, la force vive sera en définitive *vingt fois* plus grande dans la roue de Saint-Maur que dans celle du Pont-de-Gesnes. Si l'on remarque à présent que chaque tour de roue correspond à un travail de 120 chevaux au lieu de 12, c'est-à-dire *dix fois* plus grand, on voit que le poids de la roue de Saint-Maur pourrait être *diminué de moitié*, qu'elle donnerait encore la même régularité que celle du Pont-de-Gesnes; ou bien que l'on pourrait, en cas de grandes crues, ralentir son mouvement sans nuire à sa régularité.

Je crois ces quelques observations suffisantes pour faire comprendre combien la nouvelle roue est propre à faire mouvoir des pompes.

Sans entrer dans une description technique, disons ici que cette roue a quelque ressemblance avec la roue à aubes courbes de l'illustre Poncelet, mais qu'elle en diffère par le mode d'introduction de l'eau dans les aubes, qui se fait ici par *l'intérieur*, et la sortie par le pourtour extérieur.

Cette disposition permet de réaliser, *pour un filet continu*, ce que le savant maître avait indiqué *pour une molécule isolée* dans son mouvement d'ascension et de descente sur la partie concave de l'aubage courbe.

On comprend dès lors que le nouveau récepteur doit rationnellement donner un résultat plus avantageux que l'ancien dans l'emploi de l'eau motrice. Ajoutons aussi que le *grand évasement* de l'aube à son extrémité permet de la rendre presque tangentielle à la circonférence extérieure, en sorte que la force vive que l'eau conserve à sa sortie du récepteur *devient presque nulle*. De plus, la roue noyée dans l'eau d'aval se meut plus facilement, puisque l'on atténue le fouettement de l'eau par les aubes en les dirigeant tangentiellement au mouvement de la roue.

En 1859, dans le Rapport fait au Conseil municipal de Paris, au nom de la Commission des eaux, *par M. Dumas*, président du Conseil, au sujet de l'élévation d'eau du Pont-Neuf, il était dit :

« M. Girard emploierait un nouveau système de turbines de » son invention, turbines-hélices à axe horizontal. Celles-ci, » et c'est là leur mérite, marchent encore dans les hautes » eaux en offrant un débit croissant avec l'élévation des eaux, » malgré la diminution de la chute. Deux roues de ce sys-» tème fonctionnent depuis cinq ans à Noisiel. Elles débitent » 15 mètres cubes par seconde..., etc. »

Ce qui a été dit alors pour la turbine-hélice, on pourrait le répéter pour la roue-turbine.

En effet, les roues du projet de Saint-Maur sont calculées de telle sorte que, la chute étant de 5 mètres, huit orifices seulement étant ouverts, la force sur l'arbre de la roue est de 120 chevaux-vapeur. Les vingt-quatre orifices dont on dispose pour l'admission de volumes d'eau variables sont découverts par deux vannes circulaires qui, lors de la fermeture de tous les orifices, viennent se rejoindre à l'aplomb du centre de la roue, et qui s'éloignent l'une de l'autre pour ouvrir successivement les orifices.

Chaque vanne devra ouvrir douze orifices pour le débit complet lors des grandes crues. On voit donc que l'on peut *augmenter la dépense lorsque la chute diminue* (en temps de crues) de manière à conserver la même force au moteur, absolument comme avec la turbine-hélice.

Celle-ci, comme on le sait, débite de plus en plus d'eau à mesure qu'elle se trouve immergée; il en est de même de la roue-turbine : à mesure qu'un arc plus grand est au-dessous du niveau d'aval, on peut, à l'aide des vannes, augmenter le débit. Ce qui les distingue, c'est que la roue turbine est préférable à la turbine-hélice pour l'utilisation des grandes chutes; celle-ci, au contraire, a l'avantage sur la première dans le cas de petites chutes, parce qu'à diamètre égal elle peut débiter un plus grand volume d'eau.

Je crois pouvoir dire dès à présent que si *MM. les Ingénieurs du Service municipal* approuvaient mon projet, je me chargerais de la fourniture des appareils moyennant une somme de 50 000 *francs chaque système* (roue, pompe, réservoir, vannes et mouvement de vanne), les robinets-vannes et les tuyaux restant à la charge de l'Administration.

En présence des résultats que peut donner l'application des nouveaux appareils et de l'approbation immédiate qu'elle a reçue de MM. les Inspecteurs généraux *Mary* et *Dupuit* pour les élévations d'eau urbaines et communales, je crois que, dans l'intérêt de la ville de Paris, *M. le Préfet*, qui est à la tête du progrès, fera examiner avec un soin tout particulier par MM. les Ingénieurs du Service municipal le projet que j'ai l'honneur de lui soumettre.

DISPOSITION GÉNÉRALE DE L'USINE.

L'ensemble de l'appareil moteur comprend six roues, de 11^m,6o de diamètre, et chacune de 120 chevaux-vapeur, donnés sur son axe. Chaque roue commande directement une pompe à double effet et à piston plein, pareille à celle du Pont-de-Gesnes (*voir* la gravure jointe au projet).

Le canal d'amenée générale alimente trois canaux, dont chacun débite l'eau à deux roues, l'une à droite, l'autre à gauche.

Les trois canaux d'amenée, les six coursiers et les huit piles qui portent soit les pompes, soit les paliers, ont une largeur commune de 3 mètres; aux deux extrémités du bâtiment sont deux terre-pleins d'une largeur considérable.

En amont, un contre-mur de o^m,8o d'épaisseur sera adossé au mur actuel pour former les trois prises d'eau dans le grand canal, et dans cette épaisseur seront pratiquées des feuillures pour pouvoir, en cas de besoin, disposer un batardeau au moyen de poutrelles.

En aval, un autre contre-mur formé par des arcades supporte une voûte longitudinale dans laquelle sera placé le tuyau d'alimentation des pompes.

L'usine est disposée en deux étages : le côté d'amont est au niveau du sol extérieur; le côté d'aval, où sont les pompes, est à 2^m,2o en contre-bas et à 5^m,5o au-dessus du niveau d'aval à l'étiage.

De ce même côté, et tout le long du bâtiment, est établie une galerie de niveau avec le sol d'amont, et qui permet de faire tout le tour de l'établissement.

En amont sont disposées des passerelles en arc qui permettent de passer derrière chaque roue.

Trois grands escaliers, établis au-dessus des canaux d'amenée, serviront à descendre les pièces des machines et à communiquer d'un étage à l'autre.

Trois passerelles sont également établies au niveau de la galerie longitudinale, entre l'amont et ladite galerie.

Dans le mur d'amont sont percées trois grandes portes cintrées vis-à-vis des escaliers, et trois fenêtres en face des trois passerelles.

Le tube de refoulement général est placé au-dessous de la galerie d'aval.

Les six réservoirs d'air de 1^m,1o de diamètre et de 6 mètres

I.

de hauteur sont groupés deux à deux et réunis par une croix de Saint-André à la partie supérieure pour les rendre solidaires; ils se trouvent placés entre deux pompes et en face de chaque escalier.

LÉGENDE EXPLICATIVE.

I. — VUES EN ÉLÉVATION.

L'élévation est divisée en trois vues différentes :

1° Le mur de l'usine est rasé en aval jusqu'au niveau du sol des pompes; on voit les arcades, et la voûte qu'elles supportent est coupée pour laisser voir le tuyau d'aspiration. Les réservoirs, le tuyau de refoulement, la galerie d'aval, les passerelles courbes sont représentés dans cette première vue.

2° Une coupe brisée passe entre l'escalier et les réservoirs, à travers les pompes, puis vient en avant de la roue pour la faire voir sur tout son diamètre. On voit l'escalier, la porte d'entrée, les boulons de scellement de la pompe, la passerelle qui fait communiquer l'amont avec la galerie d'aval.

3° Coupe verticale par l'axe des roues : fait voir le canal d'amenée, les prises d'eau, les injecteurs, les mouvements des vannes et les paliers.

II. — VUES EN PLAN.

1° Au-dessous de la vue n° 1 en élévation, on voit, en projection horizontale :

La pompe, la roue, les deux tuyaux, les réservoirs, l'escalier, la galerie et la passerelle, ainsi que le canal d'amenée général.

2° Au-dessous de la vue n° 2 d'élévation sont représentées, en coupe horizontale par l'axe des deux roues, la projection des injecteurs, les plaques de fondation des pompes et la coupe des réservoirs.

3° Coupe horizontale des maçonneries à la hauteur de l'axe des prises d'eau.

Extrait du journal LE SIÈCLE, *numéro du* 18 *juin* 1867.

L'usine municipale de Saint-Maur, qui approvisionne d'eau de la Marne les bassins du bois de Vincennes et le réservoir

I..

inférieur de Ménilmontant, est maintenant complétement achevée.

Construite sur l'emplacement des grands moulins de Saint-Maur achetés en 1864 par la ville de Paris, elle est mise en mouvement par une chute de la Marne. Le canal d'amenée, dont nous avons parlé en son temps, a nécessité l'ouverture d'une seconde voûte sous le col de la presqu'île formée par le tour de Marne ; il crée dans l'usine une chute qui, dans les basses eaux, atteint jusqu'à $4^m,10$ de hauteur.

La façade d'aval et les deux murs pignons du bâtiment sont établis sur les anciennes fondations des moulins ; mais la façade d'amont a été fondée à 3 mètres en dehors de l'ancien mur, qu'on a dû démolir entièrement.

Les quatre turbines de ces moulins, ne présentant pas une puissance suffisante, ont été supprimées et remplacées par un système élévatoire qui se compose : 1° d'une turbine de 100 chevaux conduisant deux pompes horizontales à double effet et à pistons plongeurs qui élèvent l'eau à 36 mètres de hauteur, dans le lac de Gravelle, pour l'alimentation du bois de Vincennes. Cette ascension a lieu par une conduite en fonte de 60 centimètres de diamètre et de 1250 mètres de longueur. Sous la chute maximum de $4^m,10$, la turbine marche à raison de 80 tours à la minute, et le volume d'eau monté sur la plate-forme de Gravelle est de 13 millions de litres en 24 heures. Ce volume diminue suivant les variations de la chute ; mais, lorsque celle-ci est réduite à 2 mètres, il est encore de 6 millions de litres.

Le système élévatoire se compose encore d'un second système de turbines et pompes exactement semblable au premier, sauf le diamètre des pompes, et d'une puissance égale. Il refoule l'eau concurremment avec quatre roues, dont nous parlerons tout à l'heure, dans une conduite en fonte de 80 centimètres de diamètre et de 8500 mètres de long, qui traverse diagonalement le bois de Vincennes, suit la grande avenue de Vincennes jusqu'en dedans de la grille, puis la route militaire jusqu'au delà de la porte de Bagnolet, pour aboutir à l'étage inférieur du réservoir de Ménilmontant, à 66 mètres au-dessus du niveau d'aspiration. Ce système peut élever, suivant la hauteur de la chute, de 3 à 7 millions de litres par 24 heures.

Enfin, l'usine comprend un troisième système composé de quatre roues en fonte à axe horizontal. Chaque roue produit une force de 120 chevaux sous la chute maximum, et monte alors 7 500 000 litres par 24 heures.

En résumé, les machines travaillant toutes ensemble peuvent élever au maximum 50 millions de litres d'eau, et nous ferons remarquer que la chute motrice ayant d'autant plus de hauteur que les eaux sont plus basses, c'est dans le temps des plus basses eaux que le débit est le plus considérable.

L'ensemble de ces travaux a été exécuté sous la direction de M. Michal, par M. Belgrand, Ingénieur en chef du service des eaux, et M. Nouton, Ingénieur ordinaire ; M. Fourneyron est l'auteur des turbines, et les pompes ont été construites par MM. Girard, Féray et Claparède.

Extrait du journal LE SIÈCLE, *numéro du 20 juillet 1867.*

Nous avons publié, il y a quelques jours, une Note sur l'usine municipale de Saint-Maur. Nous recevons à ce propos de M. L.-D. Girard, Ingénieur civil, une lettre qui rectifie ou plutôt complète les renseignements donnés, et qu'à ce titre nous insérons très-volontiers, bien que nous ayons déjà fait droit, en grande partie, à la réclamation qu'elle contient :

« J'ai lu dans un numéro de votre journal une Note sur l'usine municipale de Saint-Maur, construite sous la direction de M. Michal, par M. Belgrand, Ingénieur en chef du service des eaux, et M. Nouton, Ingénieur ordinaire.

» Les chiffres qui ont été donnés sur la force des diverses machines qui composent cette usine et sur les volumes d'eau élevés, tant au lac de Gravelle qu'aux bassins de Ménilmontant, ont une telle exactitude, que je m'étonne de ne plus rencontrer cette même exactitude pour attribuer à qui de droit l'invention des nouvelles roues à axe horizontal et des pompes nouvelles aussi, à double effet et à pistons plongeurs, ainsi qu'on l'a fait pour les deux turbines à axe vertical placées à chaque extrémité de l'usine.

» Il y a plus : on fait ressortir que les deux turbines élèvent encore la moitié du volume d'eau normal lorsque la chute se trouve réduite, par suite des crues d'aval ; et on ne dit pas ce qui se passe dans les roues à axe horizontal, avec cette même réduction de chute.

» On se contente de dire que, sous la chute maximum, les roues font 120 chevaux chacune. Or, la vérité est que sous la chute réduite à 2 mètres, les roues donnent encore 120 chevaux chacune, les turbines ne donnant que la moitié de leur force ; et que sous une chute plus réduite encore, chaque roue conserve les deux tiers de sa force, tandis que les turbines sont alors obligées de s'arrêter.

» Dans la remarque ainsi conçue : « la chute motrice ayant » d'autant plus de hauteur que les eaux sont plus basses, c'est » dans le temps des plus basses eaux que le débit est le plus » considérable, » on a voulu dire sans doute que c'était à ce moment que la chute était le mieux utilisée et que les machines donnaient le plus d'effet utile. En effet, les roues à axe horizontal ont donné à ce moment 64 pour 100 d'effet utile en eau montée (le rendement garanti étant 50 pour 100) en calculant leur dépense d'eau motrice d'après la méthode vérifiée par M. l'Inspecteur général Dupuit, lorsqu'il a fait des expériences sur des roues semblables, appliquées aux élévations d'eau de la ville du Mans ; méthode qui avait été vérifiée sur toutes les roues et turbines construites sur le principe de la libre déviation (système Girard).

» Ceci bien établi, on aurait pu, en terminant, dire ce que l'on a dit : Que M. Fourneyron était l'auteur des deux turbines à axe vertical ; mais ajouter que l'auteur des quatre roues à axe horizontal et de toutes les pompes fonctionnant à l'usine était M. L.-D. Girard, qui est lui-même l'auteur du projet d'élévation d'eau par roues à axe horizontal ; que MM. Claparède et Cie ont construit les roues et leurs pompes, et que MM. Féray et Cie ont construit les transmissions et pompes mues par les deux turbines à axe vertical.

» Je vous prie, Monsieur, de vouloir bien insérer cette lettre, qui rend justice à qui de droit.

» Veuillez agréer, Monsieur, l'assurance de ma parfaite considération.

» L.-D. GIRARD. »

Ce n'est pas à nous que M. Girard aurait dû faire la réclamation qui précède, mais au Ministre des Travaux publics, sous les auspices duquel viennent d'être publiés les documents où nous avons puisé, et où nous ne trouvons pas les détails explicatifs contenus dans sa lettre.

LOUFT.

Extrait du JOURNAL DES FABRICANTS DE PAPIER, *numéro du* 15 *août* 1867.

MOTEURS HYDRAULIQUES.

Pour que notre compte rendu soit complet en ce qui concerne les roues hydrauliques ordinaires, à axe horizontal, nous devons mentionner les dessins et modèles de roues à aubes flottantes de M. Colladon (Section suisse). Ce sont des roues à palettes planes destinées à utiliser la puissance des cours d'eau à niveaux très-variables et à chute très-faible. Ces roues utilisent la puissance vive de l'eau et, pour qu'elles ne soient pas noyées dans les crues, M. Colladon monte l'axe de ces roues sur des supports mobiles qui permettent d'élever ou d'abaisser la roue selon que les niveaux montent ou descendent. C'est un système de roue très-primitif, dont le rendement est inférieur à celui des roues. *dites en dessous* bien établies, c'est-à-dire inférieur à 40 pour 100. Il ne peut convenir pour des roues de grande puissance à cause de la complication qui résulte de l'amovibilité de l'axe et du peu de rigidité qui en est aussi la conséquence.

TURBINES.

On désigne sous ce nom les récepteurs hydrauliques destinés à utiliser la puissance vive de l'eau, c'est-à-dire la vitesse due à sa chute, et dans lesquels l'eau est amenée sur les aubes de la couronne mobile ou turbine proprement dite par des canaux adducteurs répartis sur la circonférence de la turbine ou seulement sur une portion de cette circonférence, et dont l'ensemble constitue la couronne fixe, ou directrice, ou distributeur.

Les turbines peuvent, d'ailleurs, être montées sur un arbre vertical ou sur un arbre horizontal.

Il y a deux classes de turbines à axe vertical. Dans celles de la 1re classe, l'eau arrive horizontalement sur les aubes de la couronne mobile, par l'intérieur de celle-ci, et elle en sort horizontalement, en s'éloignant de l'axe par conséquent; c'est le système Fourneyron. Les aubes mobiles forment alors une série de canaux cylindriques verticaux compris entre deux parois horizontales.

Dans celles de la 2e classe, dites *turbines du système d'Euler*, l'eau entre dans la couronne mobile par sa face supérieure et en sort par sa face inférieure en restant sensiblement à une distance constante de l'axe.

Les avantages que présentent les turbines comme moteurs des fabriques de papiers ont été longuement développés dans ce journal à l'article intitulé : *Étude générale des moteurs industriels;* il est donc inutile que nous répétions ce qui a été dit sur ce sujet.

M. Fourneyron a exposé une turbine de son système, à bâche complète en fonte, qui ne présente rien de remarquable. C'est toujours le mode de construction adopté par lui au début; le pivot est placé à la partie inférieure de l'arbre vertical; il est donc constamment dans l'eau; c'est une disposition très-mauvaise, qui a été condamnée depuis longtemps par la pratique et que l'on est étonné de rencontrer encore aujourd'hui; le graissage du pivot est très-difficile; ses réparations exigent le démontage complet de la machine. Quant à la turbine elle-même, la disposition de son vannage la rend impropre à bien utiliser la puissance d'un cours d'eau à volumes et à niveaux variables. Cette turbine est un spécimen de ce qui se faisait il y a vingt ans; on ne s'explique pas à quel titre elle figure dans une exposition qui a pour but de révéler les progrès accomplis dans l'industrie depuis cinq ans.

Dans cette même classe de turbines, nous citerons celles qui ont été exposées par la maison Williamson Brs. de Kendal (Grande-Bretagne), dans lesquelles l'injection ou *arrivée* de l'eau motrice a lieu extérieurement à la couronne mobile. cette disposition n'offre théoriquement aucun avantage; elle complique la construction de la turbine et doit être rejetée comme exigeant un volume d'eau constant et une vitesse de rotation absolument constante.

Les spécimens de turbines du système d'Euler sont les plus nombreux au Champ-de-Mars. Ils ont de commun l'application d'un principe que M. L.-D. Girard, Ingénieur civil, a mis le premier en pratique : pour que le rendement d'une turbine puisse se maintenir sensiblement constant, malgré les variations du volume d'eau dépensé, il faut, abstraction faite pour le moment de toute autre condition, que les orifices ouverts dans la couronne fixe ou distributeur le soient en entier. Pour nous faire comprendre complètement, nous prendrons un exemple. Supposons qu'une turbine recevant l'eau sur tout son pourtour n'ait à dépenser à certaines époques de l'année que la moitié ou le tiers du volume d'eau qui correspond à sa capacité totale ; il y a deux moyens de réduire la dépense de la turbine de façon à ce qu'elle soit justement égale au volume fourni par la rivière ; le premier, employé d'abord par M. Fontaine, consiste à réduire proportionnellement l'ouverture de tous les orifices du distributeur (à moitié ou au tiers dans l'exemple choisi); c'est un moyen très-vicieux et qui diminue considérablement le rendement du moteur; aussi ne le trouve-t-on plus employé que dans la turbine Fourneyron dont nous avons parlé plus haut. Le second moyen, imaginé par M. Girard, consiste à n'ouvrir que le nombre d'orifices correspondant au volume à dépenser (la moitié ou le tiers du nombre total dans l'exemple choisi); de telle façon que tous les orifices découverts le soient en entier. Tel est le principe des *vannages partiels* appliqués aux turbines.

MM. Brault et Béthouard, de Chartres (ancienne maison Fontaine et Brault), ont exposé une turbine du système d'Euler, dans laquelle l'eau n'est donnée que sur deux quarts opposés de la circonférence. Le vannage partiel de cette turbine se compose de deux bandes de gutta-percha clouées sur de petites planchettes qui forment une série de charnières successives. Ces deux bandes sont attachées par l'une de leurs extrémités à un point de la couronne fixe; par l'autre extré-

I...

mité elles sont fixées à deux rouleaux coniques en fonte qui se meuvent sur les orifices du distributeur, en enroulant ou en déroulant les deux bandes. Ce système de vannage présente deux inconvénients : le premier et le plus grave, c'est qu'il ne ferme pas bien les orifices ; cela résulte de ce qu'il n'est pas disposé pour chasser les corps étrangers qui viennent se placer au-dessus des orifices ; ces corps, se trouvant pris entre la couronne fixe et le vannage, empêchent celui-ci de fermer ; en outre, cette série de petites planchettes constitue une construction assez compliquée, et donne lieu à de fréquents dérangements ; le second inconvénient est dû à ce que l'entrée de l'eau dans les orifices voisins des deux rouleaux est gênée par leur présence ; l'eau s'y engage mal, et il en résulte une réduction dans l'effet utile d'autant plus importante que le nombre total des orifices ouverts est plus petit.

M. Larger, de Felleringen (Haut-Rhin), a exposé deux turbines du système d'Euler, à vannage partiel ; ce vannage se compose de clapets à charnières dont l'inconvénient est manifeste, puisqu'en se rabattant pour se fermer, ces clapets retiendront les corps étrangers placés au-dessus des orifices : l'inconvénient d'une mauvaise fermeture existe ici comme dans le vannage à rouleaux dont nous venons de parler. Ajoutons que M. Larger place, comme Fourneyron, le pivot de la turbine dans l'eau, à la partie inférieure de l'arbre.

M. Laurent aîné, de Dijon, a exposé une turbine du système d'Euler, dont le distributeur porte 24 orifices qui peuvent être ouverts ou fermés par 12 clapets à charnières ; il n'y a là aucune différence avec la turbine de M. Larger. Nous signalerons un défaut capital dans cette turbine : la couronne mobile porte 48 aubes, d'après le plan que M. Laurent a mis en regard de sa turbine, tandis que la couronne directrice ou distributeur n'en a que 24 ; il en résulte que l'eau est mal guidée à son entrée dans la couronne mobile et que les corps étrangers (pierres, morceaux de bois, etc.) qui peuvent passer dans les orifices du distributeur seront retenus à coup sûr dans la couronne mobile.

M. Cheneval, de Pontoise, a exposé aussi une turbine du même système, dont le vannage est formé, comme dans les deux précédentes, par des clapets à charnières ; nous devons dire ici que MM. Larger et Laurent ont, sous ce rapport, entièrement copié M. Cheneval ; nous aurions donc à faire de la turbine Cheneval la même critique que des deux autres.

Un autre constructeur-mécanicien, M. L. Protte, de Vendeuvre (Aube), a exposé deux turbines d'Euler à vannage partiel. L'un des vannages se compose d'une série de clapets (un pour chaque orifice du distributeur) manœuvrés par une couronne à double gorge. Ce constructeur a trouvé le mécanisme du vannage tout créé dans l'un des types de turbines de M. L.-D. Girard ; mais il n'a pas été aussi bien inspiré quand il a remplacé les vannes-tiroirs ouvrant ou fermant plusieurs orifices à la fois, par les clapets dont nous venons de parler et dont le fonctionnement doit être tout à fait irrégulier. Le moindre corps étranger empêchera ces clapets de s'ouvrir et de se fermer convenablement ; tout cet ensemble constitue un mécanisme très-imparfait.

L'autre vannage rappelle le vannage à *papillons* de M. L.-D. Girard ; il se compose de deux vannes circulaires ou *papillons* qui se meuvent sur les orifices du distributeur concentriquement à l'axe de la turbine. Nous avons été surpris de trouver là une copie d'une disposition brevetée ; mais nous devons ajouter cependant qu'elle n'est pas identique à celle de

M. Girard, en ce sens que les deux papillons occupent chacun une demi-circonférence ; les orifices du distributeur sont placés sur deux demi-circonférences concentriques, mais de rayons différents. Les orifices de la demi-circonférence intérieure sont déviés, pour correspondre, comme les autres, aux aubes de la couronne mobile ; cette déviation occasionne des perturbations très-grandes dans l'écoulement de l'eau ; c'est un artifice de constructeur, mais il nuit au rendement du moteur.

Une observation générale à adresser aux turbines exposées, c'est que les dimensions des aubes de la couronne mobile et celles des aubes de la couronne fixe ne sont pas dans le rapport qui convient pour que ces turbines fonctionnent à *libre déviation*, c'est-à-dire de façon que le mouvement *relatif* de l'eau dans la couronne mobile ait lieu comme celui de l'eau dans un canal découvert à l'air libre. Il en résulte que les moindres variations dans la vitesse de rotation de la turbine ont une grande influence sur son rendement. Nous n'avons pas pour mission d'indiquer ici les règles à suivre pour que la condition de la libre déviation soit remplie ; il suffit que nous rappelions que ces règles sont précisément celles qui ont toujours guidé MM. Girard et Callon dans les turbines qu'ils ont établies et dont de nombreux spécimens existent dans les papeteries.

Après avoir reconnu que l'Exposition ne nous montre nullement les progrès réalisés dans la construction des turbines, il nous a paru intéressant de mettre sous les yeux des lecteurs de ce journal quelques-uns des types de turbines dus à M. L.-D. Girard, bien qu'aucun de ces types ne figure au Champ-de-Mars.

La *fig.* 1 représente une turbine à bâche complète en fonte qui est applicable aussi bien aux chutes très-élevées qu'aux

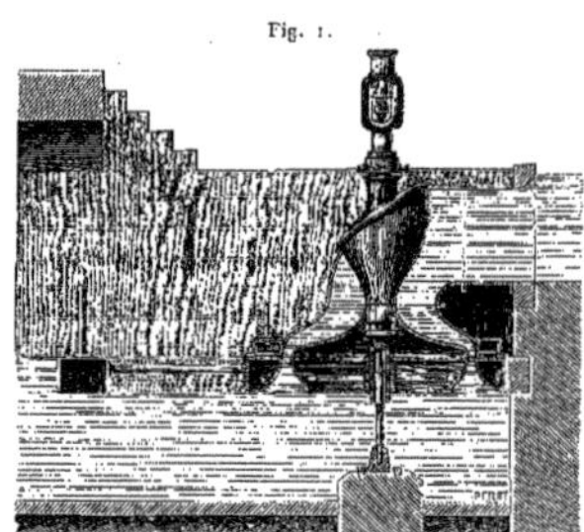

Fig. 1.

TURBINE HYDROPNEUMATIQUE.
Haute et basse chute. — Bâche en fonte complète.
Niveau d'aval variable. — Couronne mobile dénoyée par l'air comprimé.

basses chutes, quand, pour ces dernières, la disposition des lieux ne permet pas de placer la turbine dans une chambre d'eau en charpente et maçonnerie. Le vannage de la turbine se compose de vannes-tiroirs qui se meuvent horizontalement dans le sens du rayon et qui sont disposées pour enlever, dans leur fermeture, les corps étrangers qui seraient placés au-dessus des orifices.

Il arrive souvent que le niveau d'aval est variable ; c'est même là le cas ordinaire. Dans cette circonstance, on place la turbine de façon à ce que sa face inférieure affleure à peu près le niveau d'aval de l'étiage. Il en résulte que, dans les crues, la turbine est noyée. L'inconvénient de cette *immersion* de la turbine dans l'eau d'aval est insignifiant quand le distributeur l'alimente sur toute la circonférence; mais il n'en est plus de même quand le regard en aval correspond à un volume d'eau insuffisant pour ouvrir en entier le vannage de la turbine; cette circonstance se présente fréquemment parce que la capacité de la turbine se calcule en vue d'obtenir, même sous la chute minimum, la puissance dont l'usine a besoin. Dans ces conditions, les aubes de la couronne mobile, pendant le temps où elles ne sont pas en regard des orifices ouverts du distributeur, sont remplies par l'eau d'aval qui s'y trouve en repos *relatif;* quand ces aubes reviennent se placer sous les orifices ouverts du distributeur, l'eau d'amont vient frapper violemment l'eau en repos renfermée dans ces aubes; il en résulte une perte de travail d'autant plus considérable que le nombre des orifices ouverts est plus petit par rapport à leur nombre total. De là, un affaiblissement *considérable* du rendement. Pour faire disparaître ce grave inconvénient et maintenir sensiblement constant le rendement de la turbine, dans les conditions où nous la supposons placée, M. Girard a imaginé de la dénoyer artificiellement à l'aide de l'air comprimé refoulé sous la couronne mobile par une petite machine soufflante mue par la turbine elle-même. Ce perfectionnement très-important est indiqué sur la *fig.* 1.

De nombreuses expériences ont été faites pour en constater la valeur; nous en reproduisons quelques-unes dans le tableau suivant:

Expériences sur trois Turbines du système L.-D. Girard, à petite vitesse et vannes partielles, indépendantes, marchant dans l'air comprimé.

DÉSIGNATION.	CHUTE.	NOMBRE de vannettes ouvertes.	RENDEMENT DE LA TURBINE		AVANTAGE de la marche dans l'air.
			marchant dans l'air.	marchant dans l'eau d'aval.	
Papeterie d'Agreville (Seine-et-Marne). $2r = 2^m,48$; 40 courbes fixes. $2r = 2^m,48$; 40 courbes mobiles ($h' = 0,30$). $Tu = 30$ chevaux sous 1^m de chute minimum.	$1,79$ (m) $1,63$ $1,60$	10 (sur 40)... 0,25 16........... 0,40 20........... 0,50	0,70 à 0,75	0,58 à 0,68	$\frac{0,70 - 0.58}{0,58} = 0,21$, ou 21 p. 100 $\frac{0,75 - 0,68}{0,60} = 0,10$, ou 10 p. 100
Fabrique de caoutchouc; Persan (S.-et-Oise). $2r = 1^m,70$; 80 courbes fixes. $2r = 1^m,70$; 54 courbes mobiles ($h' = 0,20$).	$2,710$ (m) $2,660$ $2,535$	24 (sur 80)... 0,30 32........... 0,40 36........... 0,45	0,78 à 0,80	N. B. La turbine est dénoyée naturellement	"
Filature d'Amilly (Loiret). $2r = 3^m,600$; 80 courbes fixes. $2r = 3^m,600$; 60 courbes mobiles ($h' = 0,36$).	$1,80$ (m)	14 (sur 80)... 0,17 18........... 0,22 24........... 0,60 30........... 0,375 36........... 0 45 48........... 0,6 48........... 0,6	0,69 0,71 0,73 0,77 0,78 0,80 "	" " " " " " 0,70	$\frac{0,80 - 0,70}{0,70} = 0,14$, ou 14 p. 100

Les turbines destinées à utiliser de basses chutes nécessitent souvent des travaux hydrauliques très-coûteux : 1° parce qu'il faut donner au canal de fuite, à l'endroit de la turbine, une profondeur suffisante pour que l'eau s'en dégage facilement; 2° parce qu'il faut au-dessus des orifices du distributeur une hauteur ou profondeur d'eau assez grande ($1^m,000$ au moins) pour qu'il ne se forme pas de tourbillons, d'entonnoirs au-dessus des orifices.

On satisfait à ces deux conditions, tout en réduisant dans une proportion considérable l'importance des travaux d'approfondissement du canal, en établissant la turbine à siphon de M. L.-D. Girard, que représente la *fig.* 2; elle ne diffère des autres types du même ingénieur que par cette particularité que l'eau y est relevée au-dessus du niveau d'amont à l'aide d'un tuyau recourbé qui forme un véritable siphon et la conduit à la bâche en fonte du distributeur.

I.

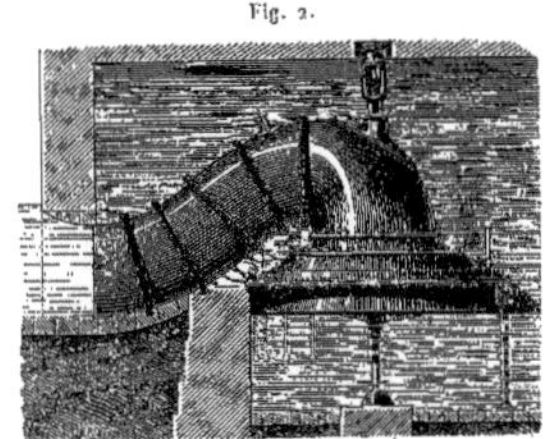

Fig. 2.

TURBINE A SIPHON.
Basse chute; grand volume d'eau.
Turbine relevée; grande simplification des travaux hydrauliques.

I....

Quand, au contraire, on a affaire à une chute très-élevée et à un faible volume d'eau, il convient de n'alimenter la turbine que sur une portion seulement de sa circonférence ($\frac{1}{4}$ ou $\frac{1}{2}$); cela permet de donner à la turbine un plus grand diamètre et une plus faible vitesse que si elle était alimentée sur toute sa circonférence; en outre, les orifices sont plus grands, par conséquent moins délicats et moins sujets à s'obstruer. Le vannage de ces turbines (*fig.* 3), consiste en une simple

Fig. 3.

TURBINE DE CÔTÉ.

Très-haute chute; petit volume d'eau.

Pivot hydraulique.

vanne circulaire ou *papillon*, qui a servi de point de départ à M. Fontaine dans la construction du vannage partiel à rouleaux de la turbine exposée par MM. Brault et Béthouard. Dans la *fig.* 3, la pression due à la chute est utilisée pour supporter la turbine, à l'aide d'un pivot hydraulique imaginé par M. Girard et qui consiste en deux plateaux, l'un fixe, le plateau inférieur, et l'autre mobile, entre lesquels arrive l'eau du bief d'amont. Cette disposition est excellente en ce qu'elle évite tout grippement du pivot supérieur et en ce qu'elle permet de donner à l'arbre vertical toute la longueur nécessaire sans crainte d'accident. Nous connaissons un grand nombre d'applications de ce pivot hydraulique.

L. VIGREUX,
Ingénieur civil.

Extrait du JOURNAL DES FABRICANTS DE PAPIER, numéro du 1er septembre 1867.

LES MOTEURS HYDRAULIQUES.

Turbines à axe horizontal. Le désordre qui règne au Champ-de-Mars ne nous a permis de découvrir que deux types de ces turbines. L'un d'eux est exposé par les ateliers de construction de Ienbach (Tyrol). C'est tout simplement une turbine Jonval-Kœchlin retournée, c'est-à-dire dont l'arbre serait placé horizontalement. Dans un tuyau cylindrique horizontal en fonte, qui forme la bâche de la turbine, passe l'arbre sur lequel est calée la couronne mobile. Une tubulure venue de fonte sur l'une des extrémités de ce tuyau et perpendiculairement à son axe, reçoit le tuyau d'amenée de l'eau motrice; l'eau est dirigée sur la couronne mobile par des aubes fixes disposées comme dans la turbine d'Euler. A l'autre extrémité de la bâche, une seconde tubulure, également d'équerre, sert à l'évacuation de l'eau et est munie d'une valve, dont l'ouverture plus ou moins grande sert à régler la dépense de la turbine. Ce sont bien là les dispositions de la turbine Kœchlin. Il y a d'importantes critiques à en faire. Les tubulures établies perpendiculairement à l'axe de la bâche constituent des coudes brusques qui occasionnent une perte de chute notable. La valve qui sert à régler la dépense de l'eau, en agissant sur l'orifice de sortie, constitue une disposition très-vicieuse, dont le mauvais effet est d'autant plus considérable que la dépense a besoin d'être réduite davantage; la fermeture partielle de cette valve occasionne un étranglement et détermine une nouvelle perte de chute. Enfin, comme la couronne mobile tourne constamment et forcément dans l'eau, il faut nécessairement l'alimenter sur tout son pourtour, si l'on ne veut éprouver l'inconvénient que nous avons signalé et auquel on ne peut remédier ici par l'emploi de l'air comprimé. Cette nécessité motive l'adoption de la valve placée à la sortie de la bâche; mais c'est là un remède très-imparfait. Aussi la turbine Kœchlin ne peut-elle convenir, c'est-à-dire présenter un rendement sensiblement constant, que si le volume de la rivière qui l'alimente est constant. Ajoutons que pour les rivières à petit volume et à très-haute chute, l'adoption du système Jonval-Kœchlin conduit, comme l'adoption du système Fourneyron, à donner à la turbine un petit diamètre et des orifices très-petits, faciles à s'encombrer; il en résulte, en outre, une grande vitesse pour l'arbre de la turbine et, par conséquent, beaucoup de chances d'arrêts et de réparations.

A côté du Pulp-Engine (dont nous parlerons prochainement), nous avons remarqué deux petits modèles de turbines à axe horizontal du système Canson. Ces turbines sont d'une construction très-simple et tout à fait primitive. La couronne mobile, disposée comme celle d'une turbine Fourneyron dont l'axe serait placé horizontalement, est calée sur un arbre horizontal qui tourne dans deux paliers ordinaires. L'eau motrice est projetée sur les aubes inférieures de la couronne mobile par une simple buse, dont l'orifice unique est ouvert plus ou moins au moyen d'une petite vanne verticale. Cette eau est donc très-mal dirigée à sa sortie de la buse ou injecteur; en sorte que le rendement est faible et doit dépasser de peu 5o pour 100 en moyenne du travail moteur brut. Ce genre de turbine se rencontre cependant fréquemment dans le midi de la France, là où les progrès de l'industrie n'ont pas encore franchement pénétré. Mais il disparaît des usines où l'on reconnaît l'importance d'une utilisation rationnelle de la puissance hydraulique.

Les turbines à axe horizontal ont cependant des avantages particuliers, que nos lecteurs trouveront peut-être intéressants à connaître, lorsque, comme dans le système Canson, elles ne reçoivent l'eau que sur une portion de leur circonférence. Ces avantages sont les suivants:

La couronne mobile étant visible sur tout son pourtour, il est facile d'observer la façon dont l'eau agit, et d'entretenir les aubes et toutes les parties de la turbine en bon état; l'absence de pivot et de toute garniture étanche pour l'arbre rend la machine moins délicate, permet de la faire marcher très-vite sans danger et diminue, par conséquent, les chances d'acci-

_dents et de réparations; l'alimentation n'ayant lieu que sur une portion de la circonférence (1 cinquième au plus), il en résulte, comme pour les turbines à axe vertical et à injecteur latéral, que les orifices du *secteur fixe* ou *injecteur* et ceux de la couronne mobile présentent des dimensions relativement plus grandes et qu'ils sont moins sujets à être obstrués par les corps étrangers que l'eau charrie; enfin, le niveau d'aval peut varier dans une certaine mesure sans nuire au rendement, puisque la turbine peut tourner immergée dans l'eau d'aval d'une hauteur égale à la flèche de l'arc alimenté. Mais pour que tous ces avantages soient réels, il faut donner à la machine, au point de vue de sa construction, de la forme et des dimensions des aubes tant fixes que mobiles et de son vannage, toutes les dispositions perfectionnées des meilleures turbines à axe vertical. Les seules turbines à axe horizontal qui remplissent toutes ces conditions sont celles de M. L.-D. Girard, Ingénieur civil. Ces turbines s'appliquent avec un égal succès aux chutes très-élevées comme aux chutes les plus basses, et nous regrettons beaucoup que l'Exposition universelle ne renferme aucun spécimen de ces remarquables moteurs hydrauliques, que MM. Callon et Girard ont établis déjà en grand nombre. Nous suppléerons autant que possible à cette absence en indiquant deux types des *turbines à axe horizontal* ou *roues-turbines*, de M. L.-D. Girard.

La *fig.* 4 représente une petite turbine de ce système, tel qu'il convient de l'établir pour une haute chute et un petit

Fig. 4.

ROUE-TURBINE.
Haute chute; petit volume d'eau.
Distribution de force à domicile.

volume d'eau. Ce modèle est également applicable comme moteur d'une machine à papier. La couronne mobile est calée à l'extrémité d'un arbre horizontal qui porte une ou plusieurs poulies de commande. L'eau motrice arrive par un tuyau qui se boulonne sur l'orifice de l'injecteur. Toute la machine est montée sur une seule et même plaque de fondation, qui en rend ainsi toutes les parties solidaires les unes des autres.

La *fig.* 5 représente une grande roue-turbine conduisant directement et sans engrenages une pompe à eau, sur laquelle nous aurons occasion de revenir; mais il est aisé de comprendre que cette roue-turbine peut s'appliquer à n'importe quelle usine. La couronne mobile est calée sur un arbre et se trouve placée non en porte-à-faux comme dans le cas précédent, mais entre deux paliers. L'injecteur n'alimente la turbine que sur une petite portion de sa circonférence, condition très-avantageuse pour avoir des orifices larges, qui ne peuvent s'obstruer, et pour obtenir un effet utile très-grand, qui atteint facilement 75 à 80 pour 100. Ce type de roue-tur-

bine convient aux chutes basses ou moyennes et aux grands volumes d'eau. Il remplace avantageusement tous les autres

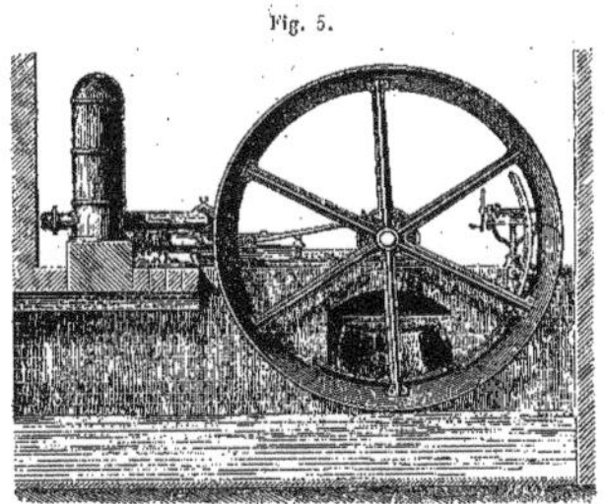

Fig. 5.

ROUE-TURBINE.
Basse chute; grand volume d'eau.

moteurs destinés à fournir une grande puissance avec une chute faible. Nous citerons à l'appui de notre assertion les roues-turbines établies par MM. Callon et Girard pour l'élévation d'eau de la ville du Mans, qui donnent chacun une puissance effective de 25 chevaux sous une chute de 1 mètre, et celles que les mêmes ingénieurs ont montées à l'usine hydraulique de Saint-Maur pour l'alimentation de la ville de Paris. Ces dernières ont environ 12 mètres de diamètre et donnent chacune 120 chevaux effectifs sous une chute qui varie de $5^m,00$ à $2^m,500$. Les roues-turbines de Saint-Maur constituent la plus belle installation qui puisse se voir dans ce genre.

Pour en terminer avec les turbines, nous donnons par la *fig.* 6 le croquis d'un genre particulier de turbine à axe hori-

Fig. 6.

ROUE-HÉLICE.
Très-basse chute; très-grand volume d'eau.

zontal dite *roue-hélice*, destinée à utiliser la puissance des grands cours d'eau, dont les chutes sont très-faibles ($0^m,500$ à $0^m,600$ environ) et le volume considérable.

Ainsi que le montre le dessin, la roue a son axe dans celui du canal et tourne, par conséquent, dans un plan perpendiculaire à la direction de l'eau. Ce genre de turbine n'a pas de vannage; le volume d'eau qu'elle dépense augmente à mesure que la chute diminue, et diminue, au contraire, à mesure que la chute augmente. Nous la recommandons aux lecteurs de ce journal comme pouvant seule s'appliquer utilement sur nos grands cours d'eau, concurremment avec les grandes roues-turbines dont nous avons parlé plus haut.

Nos lecteurs s'étonneront peut-être de la place qu'ont prise dans notre étude les turbines du système Girard; mais ils devront s'en prendre à la fécondité du travailleur infatigable et de l'habile ingénieur qui a créé tous ces types et qui a placé la France au premier rang pour les applications des théories si simples et, en général, si mal comprises de l'hydraulique.

MOTEURS A PRESSION D'EAU.

Nous n'en dirons que quelques mots, attendu que ces moteurs ne peuvent trouver d'applications dans les fabriques de papiers. Ils se composent essentiellement d'un cylindre dans lequel se meut un piston. L'eau motrice arrive des deux côtés de ce piston et lui communique un mouvement recti-ligne alternatif, qui est transformé en un mouvement de rota-tion d'un arbre à l'aide d'une bielle et d'une manivelle, comme dans une machine à vapeur. Un appareil de *distribution* sert à produire l'*admission* et l'*émission* alternatives de l'eau sur chacune des faces du piston.

Deux spécimens de ces appareils se trouvent à l'Exposition. L'un est dû à M. Coque, de Paris, et l'autre à M. Perret, de Lyon.

Ces machines sont destinées à fonctionner sous des chutes très-élevées et avec de petits volumes d'eau. En général les parties en contact avec l'eau sont en bronze.

Nous comprenons l'emploi d'un tel moteur quand il s'agit d'utiliser directement le mouvement alternatif du piston pour faire mouvoir une pompe, par exemple; c'est précisément la disposition qui a été donnée dans quelques mines aux appa-reils d'épuisement.

Les moteurs à pression d'eau (ou *machines à colonne d'eau*) sont bien plus compliqués que les turbines, plus délicats à construire et à conduire, et leur rendement ne peut dépasser celui d'une turbine bien établie. Ils exigent un volant, des organes délicats pour opérer la distribution et demandent beaucoup de soin et des dispositions particulières pour éviter les *coups de bélier*.

Même pour la petite industrie, et dans le cas où il s'agit d'obtenir la force motrice par une concession d'eau prise sur la distribution d'eau d'une ville, ces petites machines à colonne d'eau ne peuvent convenir en général; toutes les fois que, dans ce cas, il faudra obtenir le mouvement de rotation d'un arbre, les petites turbines à axe horizontal du système Girard devront leur être préférées.

L. VIGREUX,
Ingénieur civil.

Extrait du JOURNAL DES FABRICANTS DE PAPIER, *numéro du* 15 *octobre* 1867.

Monsieur le Rédacteur du *Journal des Fabricants de Papier*.

Il a paru dans votre Journal un article intitulé *Visites à l'Exposition universelle*, daté du 15 août et du 1ᵉʳ septembre, article traitant des moteurs hydrauliques et dans lequel mon nom a été plusieurs fois prononcé.

Tout en remerciant l'auteur du bien qu'il a dit de mes tra-vaux sur la création de nouveaux moteurs que j'ai appelés *à libre déviation*, et dont il a extrait quelques explications techniques et quelques dessins types de l'ouvrage que j'ai publié (*), je ne puis passer sous silence un fait qui aurait quelque gravité pour moi au moment où j'apprête la mise en œuvre d'un grand travail et où j'ai besoin qu'on sache que, si mon imagination conçoit des idées nouvelles, je possède la science nécessaire pour bien me rendre compte de leur valeur applicable, et aussi l'art de l'Ingénieur pour mettre mes idées en projet et pour les faire exécuter moi-même.

J'arrive au fait. L'auteur de l'article, en rendant compte de ma dernière création d'un moteur hydraulique que j'appelle *roue-turbine*, dit que les grandes roues de Saint-Maur ont été établies par MM. Callon et Girard, ce qui n'est pas exact. Cette assertion tendait à donner raison à un publiciste industriel des plus renommés qui, dans ses écrits, a peu à peu ra-mené à M. Callon les inventions qui n'appartiennent qu'à moi seul et qui, comme le dit l'auteur de l'article, ont placé la France au premier rang parmi les pays qui se sont occupés de l'utilisation de la force naturelle des cours d'eau.

Je dois commencer par avouer que l'article inséré dans vos numéros du 15 août et du 1ᵉʳ septembre donne un démenti formel aux assertions erronées du publiciste en question, qui a fait, comme je l'ai dit plus haut, tout ce qu'il a pu pour faire attribuer à M. Callon mes propres découvertes. Je n'aurai donc ici à revendiquer que l'installation des roues et pompes de Saint-Maur, faites par moi seul, et je tiens d'autant plus à cette revendication que les études de cette nouvelle installation ont été les plus difficiles de toutes celles que j'ai faites dans ce genre pour l'application de mes moteurs, et que je crois avoir tiré un parti très-avantageux de l'emplacement que j'avais à ma disposition. C'est pourquoi je tiens à ce que le succès que j'ai obtenu à Saint-Maur ne soit pas partagé, ce qui amoindrirait mon mérite, jusqu'à présent trop mé-connu.

Cette réclamation de ma part, dans votre Journal, tendrait-elle à faire croire que M. Callon n'a été d'aucune utilité pour la part qu'il a prise à la propagation de mes inventions, qui ont rendu de grands services à l'industrie? Évidemment non, car M. Callon, en appréciant la valeur de mes projets, a coura-geusement bravé avec moi, dans la plupart de mes applications, le danger d'un échec qui pouvait l'entraîner dans une perte pécuniaire.

Cet exemple est assez rare pour donner à M. Callon mes plus sympathiques félicitations et, si j'ai été assez heureux pour lui avoir procuré des bénéfices qui l'ont compensé des dangers qu'il a courus, ce que je crois exact, je ne dois pas moins le considérer comme l'homme le plus progressiste que j'aie connu.

Je suis bien loin, Monsieur le Rédacteur, de vouloir par cette lettre m'attirer des clients de M. Callon dans l'industrie de la papeterie. Je vous en donnerai un seul exemple : dans l'usine à papier où j'ai monté la première turbine avec M. Callon, chez M. Dufay, après avoir indiqué des perfectionnements à faire dans les canaux amenant l'eau dans les moteurs existant et après avoir réalisé ces perfectionnements, M. Dufay fut si satisfait, qu'il vint me trouver pour me payer les conseils que

(*) *Roue-turbine*. In-4 avec planche; 1863. 1 fr. 50 c. Librairie Gauthier-Villars, quai des Augustins, 55, à Paris.

j'avais donnés. Je lui répondis que je ne pouvais rien recevoir de lui, puisqu'il était le client de M. Callon.

Le but que je me suis proposé dans cette réclamation a une autre importance pour moi. En effet, l'élévation d'eau de Saint-Maur forme une usine hydraulique qui fait partie intégrante de mon chemin de fer glissant et qui devra servir à la propulsion sur toutes les lignes établies le long des cours d'eau. On voit par là que le succès que j'ai obtenu dans cette élévation d'eau peut avoir une haute importance pour moi, car c'est, en quelque sorte, un piédestal pour édifier la confiance dont je vais avoir besoin pour réaliser mon chemin de fer à propulsion hydraulique.

Puisse cette lettre, que je vous prie, Monsieur le Rédacteur, de vouloir bien insérer dans votre plus prochain numéro, être de quelque utilité pour démontrer la vérité, car j'ai bien besoin qu'elle se fasse jour pour la réalisation de nouvelles inventions qui demandent l'appui du Gouvernement, auquel on a sans doute laissé croire que, depuis vingt ans qu'il m'a été accordé deux hautes récompenses académiques, je n'avais rien fait qui méritât son attention.

Je serais tenté de croire que tout ce que j'ai produit après ces premières récompenses m'a plutôt nui que de m'être utile. En effet, on m'a souvent reproché de vouloir trop inventer; mais qu'importe, si je finis par réaliser toutes mes conceptions les unes après les autres au lieu de m'enrichir avec une seule. Je ne crois pas qu'en créant des choses utiles à l'humanité je sois un grand coupable.

Veuillez agréer, Monsieur le Rédacteur, avec mes remerciments, l'assurance de ma parfaite considération.

D. GIRARD,
Ingénieur civil.

Extrait du JOURNAL DES FABRICANTS DE PAPIER, numéro du 15 novembre 1867.

Monsieur le Rédacteur du *Journal des Fabricants de Papier.*

La partie de mes Comptes rendus de l'Exposition relative aux *moteurs hydrauliques* a donné lieu à l'insertion, dans le dernier numéro de votre journal, d'une lettre de M. L.-D. Girard, Ingénieur civil.

Les explications que renferme cette lettre sont exactes; si je ne les ai pas fait entrer dans mes articles, c'est parce qu'elles ne m'ont pas paru présenter un intérêt direct pour vos lecteurs, et parce qu'elles sortent du programme qui m'était tracé.

En revendiquant les titres qui le placent au rang de nos ingénieurs les plus distingués, M. L.-D. Girard ne fait qu'affirmer la justice que lui a rendue M. Callon dans toutes les circonstances où il a dû le faire. Une seule preuve à l'appui sera suffisante : les types des turbines Girard que j'ai choisis et les explications techniques dont je les ai accompagnés font partie du cours de construction des machines de l'École centrale des Arts et Manufactures. Les ingénieurs et les industriels sont donc à même aujourd'hui d'apprécier à leur valeur, parfaitement reconnue, les nombreux perfectionnements apportés par M. Girard dans la construction des moteurs hydrauliques.

L'association est un levier puissant, qui renverse les obstacles ; c'est aussi une cause morale de succès. En donnant sa collaboration à M. Girard dans la plupart des applications de ses turbines à l'industrie privée, M. Callon apportait sa propre expérience et celle que lui avaient léguée deux générations d'ingénieurs hydrauliciens distingués.

Cette espèce d'association a d'ailleurs eu les meilleurs résultats, parce que l'équité la plus entière n'a jamais cessé d'y régner. C'est donc un exemple à imiter, parce qu'il conduit, comme juste rémunération d'un travail incessant, à l'estime et à la considération publiques.

Veuillez, Monsieur le Directeur, me pardonner cette petite digression et agréer l'assurance de mes meilleurs sentiments.

L. VIGREUX,
Ingénieur civil.

Extrait des COMPTES RENDUS DES SÉANCES DE L'ACADÉMIE DES SCIENCES, tome XLIII.

EXPÉRIENCES SUR LES TURBINES DE M. L.-D. GIRARD

FAITES AU CONSERVATOIRE IMPÉRIAL DES ARTS ET MÉTIERS.

La présente Note, qui fait suite à mes communications des 28 avril et 6 octobre 1851, du 23 février 1852 et du 30 avril 1855, a pour objet de faire connaître le résultat d'expériences faites au Conservatoire des Arts et Métiers sur une turbine destinée à utiliser l'eau sous de très-hautes chutes. Sa construction est basée sur le principe de l'évacuation du fluide moteur par évasement rationnel, principe que nous avons fait connaître dans notre communication du 30 avril 1855. Nous exposions alors l'application qui avait été faite de ce principe à un moteur destiné à utiliser la force motrice de l'eau sous de très-basses chutes, telles que les rivières et généralement tous les cours d'eau navigables en présentent souvent. Depuis, nous avons établi un second moteur semblable au premier à l'usine de Noisiel-sur-Marne appartenant à M. Ménier, qui possède ainsi actuellement deux récepteurs de ce genre.

En continuant nos recherches, nous sommes arrivé à appliquer ce nouveau principe à l'utilisation de très-hautes chutes également; et depuis quelque temps plusieurs moteurs basés sur ce principe fonctionnent à Gênes, chez des industriels qui reçoivent l'eau motrice des conduites de distribution d'eau de la ville sous une pression de 50 mètres.

Une chose digne de remarque, c'est la variété des forces motrices qu'on peut obtenir par l'application de ce nouveau principe; en effet, à Noisiel chaque récepteur dépense journellement de 12 000 à 15 000 litres d'eau par seconde, sous une chute de $0^m,400$, tandis qu'il y a de petites turbines établies à Gênes ne dépensant que 2 litres par seconde sous une chute de 50 mètres, avec laquelle la roue de Noisiel dépenserait plus de 150 000 litres par seconde, c'est-à-dire plus de soixante-quinze mille fois le volume dépensé par les turbines de Gênes.

Nous ne chercherons pas à démontrer quels sont les avantages résultant d'une distribution de force motrice à domicile dans les grandes cités industrielles ; il nous suffira de faire

— 14 —

connaître à l'Académie que cette expérience a été faite et qu'on en est très-satisfait; on continue d'étendre à Gênes l'application de ces petits moteurs et principalement de ceux de la force de 1 à 2 chevaux nécessaires aux petites industries. Nous nous félicitons d'avoir été compris par M. Sarti, Ingénieur, chef du service des eaux de la ville de Gênes, et d'avoir pu mettre à profit de l'autre côté des monts le résultat de nos recherches en hydraulique.

Nous terminerons en remerciant M. le Directeur du Conservatoire impérial des Arts et Métiers pour le bienveillant concours qu'il nous a prêté pour faire les expériences sur une machine destinée à la ville de Gênes, et dont les résultats sont constatés dans le procès-verbal suivant.

Procès-verbal des expériences faites au Conservatoire impérial des Arts et Métiers sur une turbine motrice à vanne circulaire de M. L.-D. GIRARD.

Cette turbine, construite sur le principe de l'évacuation de l'eau par évasement, a été calculée pour une chute de 50 mètres avec un débit de 30 litres par seconde. L'insuffisance de la chute dont on disposait n'a permis de faire les expériences qu'avec une chute maximum de 12 mètres environ, que l'on a pu varier toutefois jusqu'à 3m,800. L'eau dépensée a été jaugée directement dans les bassins qui font partie de l'installation de la salle d'expériences du Conservatoire, et l'on a pu ainsi se mettre à l'abri de toute incertitude de coefficient.

L'eau était amenée dans la turbine par un conduit en fonte dont le développement total avait une longueur de 23 mètres, et dont le diamètre mesurait 0m,18; le raccord entre l'extrémité de cette conduite et l'orifice elliptique d'admission de la turbine était fait au moyen d'un col de cygne en tôle disposé de manière à éviter autant que possible les étranglements. Le niveau de l'eau dans le bassin d'alimentation était noté avec soin au commencement et à la fin de la période, pendant laquelle deux observateurs comptaient simultanément le nombre des tours de la turbine.

Le travail était estimé pendant toute cette période à l'aide d'un frein à axe vertical au bras duquel se trouvait suspendu, par transmission sur une poulie fixe, un poids déterminé d'avance et assez faible pour qu'il ne fût pas nécessaire de tenir compte des frottements de la poulie.

Les résultats des expériences sont consignés dans le tableau suivant :

Expériences faites au Conservatoire impérial des Arts et Métiers sur une turbine à dépense constante, construite par M. L.-D. GIRARD, pour chute de 50 mètres.

(Le diamètre de l'arbre sur lequel le frein est appliqué égale 0m,070. Le bras du levier du frein égale 0m,483.)

NUMÉROS des expériences.	CHUTE moyenne.	DURÉE de l'expérience.	TOURS de la turbine par minute.	VITESSE relative du frein.	CHARGE du frein.	TRAVAIL mesuré sur le frein.	DÉPENSE d'eau par seconde.	TRAVAIL moteur en eau écoulée.	RENDEMENT pour 100.	OUVERTURE de vanne calculée.	OBSERVATIONS.
	m	"		m	k	k	lit	k			
1	3,88	930"	156,81	7,934	2,787	22,11	8,01	31,08	0,711	0,94	Cette ouverture de vanne, exprimée en fonction de la section totale de la vanne entièrement ouverte, a été calculée dans chaque expérience d'après la vitesse de l'eau résultant de la hauteur de chute; les chiffres ainsi obtenus font connaître jusqu'à quel point la diminution de l'orifice d'admission exerce une influence sur l'effet utile de la machine.
2	6,898	"	296,95	15,025	1,000	15,02	3,575	24,66	0,609	0,32	
3	6,583	240	287,30	14,537	2,000	29,07	6,76	44,5.	0,652	0,61	
4	7,074	600	268,60	13,591	3,987	54,18	10,10	71,45	0,758	0,88	
5	10,083	300	346,80	17,548	1,500	26,32	4,26	42.99	0,612	0,31	
6	9,87	240	340,00	17,204	3,000	51,61	7,71	76,09	0,678	0,57	
7	9,491	240	380,80	19,268	5,000	96,34	13,32	126,42	0,762	Entièrem.	
8	12,159	180	360,40	18,236	3,000	54,70	6,48	78,79	0,693	0,43	

Il résulte de ces chiffres :

1° Que l'effet utile de la turbine de M. Girard, sous des chutes qui ont varié de 4 mètres à 12 mètres, et pour des volumes d'eau de 4 à 15 litres par seconde, ne s'est jamais abaissé au-dessous de 0,65;

2° Que cet effet utile diminue avec l'ouverture de la vanne sans être jamais inférieur à 0,71, lorsque la vanne est entièrement ouverte ;

3° Que pour les chutes les plus considérables, de 9 à 10 mètres, parmi celles dont on a pu disposer et pour une complète ouverture de vanne, le rendement s'est élevé à 0,76.

Paris, le 9 juin 1856. *Signé* : H. TRESCA, sous-directeur du Conservatoire des Arts et Métiers. *Contre-signé* : MORIN.

Extrait d'un Mémoire présenté par M. COMBES à l'Académie des Sciences.

SUR LES NOUVELLES EXPÉRIENCES DES TURBINES A LARGE ÉVASEMENT LATÉRAL.

Dans diverses précédentes Notes que j'ai eu l'honneur de présenter à l'Académie depuis 1851, j'ai constamment cherché à prouver que le mode d'action de l'eau motrice dû aux chutes grandes ou petites par *libre déviation des veines liquides*, pouvait se réaliser d'une manière plus complète que le mode d'action par réaction, qui a été l'objet de sérieuses études théoriques du savant Euler, et dont plusieurs habiles ingénieurs et constructeurs ont su tirer un parti très-avantageux dans ces derniers temps.

D'après les études auxquelles je m'étais livré sur l'appréciation des deux principes, je n'ai pas tardé à reconnaître pourquoi on avait cherché à mettre en pratique le principe de la réaction au lieu de celui que j'ai caractérisé du nom de *libre-*

déviation; c'est que ce dernier demandait des études plus approfondies de la loi des mouvements relatifs. En effet, quelques tentatives de sa réalisation ont eu lieu sans jamais avoir amené un résultat satisfaisant qui dût lui faire donner la préférence; mais lorsque j'ai cherché quel était celui des deux principes qui devait l'emporter sur l'autre dans les applications variées que présente l'utilisation de la force motrice des cours d'eau, je n'ai pas tardé à reconnaître que c'était celui de la libre déviation. Les nombreuses études que j'ai faites à ce sujet m'ont permis de déterminer douze systèmes de turbines qui ont reçu leur application appropriée à chaque cas différent.

Aujourd'hui plus que jamais j'ai acquis cette conviction, depuis que j'ai pratiqué un large évasement latéral dans les aubes mobiles, qui permet de faire circuler l'eau à sa sortie dans son mouvement relatif en lames très-minces, et par suite d'éteindre presque complétement son mouvement absolu.

Je dois ajouter que le large évasement des aubes mobiles permet de réduire la largeur de la couronne distributrice et de diminuer considérablement l'épaisseur des aubes directrices à cause du moindre effort qu'elles ont à supporter, et par suite d'obtenir des veines liquides injectées un meilleur effet, se rapprochant des données de la théorie.

Deux de ces turbines à large évasement ont été essayées au frein, l'une dans l'usine de Persan (Oise), l'autre à Amilly (Loiret).

Pour la première, le frein a été appliqué sur l'arbre même de la turbine ; l'eau dépensée était jaugée par déversoir; on a pu vérifier ainsi autant que possible le coefficient de dépense par les orifices injecteurs, qui est en moyenne de 85 pour 100. Dans ce premier essai, la force a varié de 10 à 16 chevaux, et le rendement de 75 à 83 pour 100, la chute étant de $2^m,60$ environ. La largeur de la couronne mobile était à l'entrée de $0^m,110$ et à sa sortie de $0^m,350$; le rapport de l'évasement est donc de $\frac{1}{3,1..}$.

Pour la seconde, celle d'Amilly, le frein était placé sur un arbre intermédiaire, ce qui a contribué nécessairement à une diminution de rendement. Pendant la série d'expériences qui a été faite sur cette turbine, sa force a varié de 21 chevaux à 97, et le rendement de 69 à 79 pour 100, la chute étant de $1^m,80$ en moyenne. La largeur de la couronne mobile à l'entrée était de $0^m,246$ et à sa sortie de $0^m,900$; le rapport de l'évasement est donc de $\frac{1}{3,66}$.

Je dépose à l'Académie le commencement de la publication de la série des turbines que j'ai pu imaginer sur le principe de la libre déviation, et qui ont reçu chacune de nombreuses applications, et, si l'Académie le permet, je donnerai la suite dans une prochaine communication.

Tableau des expériences faites sur les turbines à libre déviation et large évasement et à petite vitesse, établies en 1861 aux usines de Persan (Oise) et d'Amilly (Loiret).

DÉSIGNATION DES TURBINES.	NUMÉROS DES EXPÉRIENCES.	CHARGE DU FREIN : Turbine de Persan, $r = 2^m,40$. Turbine d'Amilly, $r = 3^m,00$.	NOMBRE DE TOURS DE L'ARBRE par minute.	CHUTE.	CHARGE SUR LE CENTRE des orifices injecteurs, génératrice de la vitesse des veines d'eau affluentes : Turbine de Persan, $C = H - 0^m,19$. Turbine d'Amilly hydropneumatisée, $C = H - 0^m,40$:	NOMBRE D'ORIFICES OUVERTS.	SECTION TOTALE des orifices injecteurs ouverts : Turbine de Persan, $n \times 0^m,11 \times 0^m,028$. Turbine d'Amilly, $n \times 0^m,246 \times 8^m,086$.	HAUTEUR DE L'EAU dans le canal de fuite au-dessus de la crête du déversoir (largeur du déversoir, 4^m).	VOLUME D'EAU DÉBITÉ PAR SECONDE, déduit du jaugeage par déversoir : $Q = 0,405 \times 4^m \times h \times \sqrt{2gh}$.	VOLUME D'EAU DÉBITÉ PAR SECONDE, calculé par les orifices injecteurs de la turbine : $Q = 0,85 \times nS \times \sqrt{2gC}$.	TRAVAIL THÉORIQUE, exprimé en chevaux : $T = \frac{QH}{75}$.	TRAVAIL EFFECTIF EN CHEVAUX, calculé au moyen du frein : $T' = \frac{P.2\pi rN}{60 \times 75}$.	RENDEMENT DE LA TURBINE.	OBSERVATIONS.
		P	N	H	C	n	S	h	Q	Q	T	T'	$\frac{T'}{T}$	
		k	t	m	m		mq	m	lit	lit	ch	ch		
Turbine de Persan.	1	84,000	36,00	2,660	2,66 —0,19 =2,470	20 (sur 40)	0,06160	0,140	375,81	"	13,33	10,13	0,7603	La turbine marchait hors l'eau d'aval ; la chute, par conséquent, était comptée depuis le niveau d'amont jusqu'au plan inférieur de la couronne mobile.
	2	99,000	38,00	2,610	2,610—0,19 =2,420	24 "	0,07392	0,155	437,87	"	15,24	12,61	0,8273	
	3	124,000	38,00	2,485	2,485—0,19 =2,295	32 "	0,09856	0,185	570,96	"	18,92	15,79	0,8347	
	4	134,000	37,00	2,590	2,590—0,19 =2,400	36 "	0,11088	0,195	617,86	"	21,34	16,61	0,7787	
												Moy..	0,80	
Turbine d'Amilly	1	74,100	70,25	1,794	1,794—0,400=1,394	14 (sur 72)	0,296184	"	"	1316,5	31,49	21,80	0,692	La turbine était à $0^m,59$ au-dessous du niveau d'aval ; mais elle était dénoyée par l'action de l'appareil dit hydropneumatique.
	2	99,100	70,53	1,820	1,820—0,400=1,420	18 "	0,380808	"	"	1708,4	41,46	29,28	0,708	
	3	135,600	70,27	1,805	1,805—0,400=1,405	24 "	0,507744	"	"	2265,7	54,53	39,91	0,732	
	4	165,600	73,64	1,770	1,770—0,400=1,370	30 "	0,634680	"	"	2796,7	66,00	51,80	0,774	
	4bis	175,600	71,40	1,800	1,800—0,400=1,400	30 "	0,634680	"	"	2827,1	67,85	52,52	0,774	
	5	217,100	68,09	1,778	1,778—0,400=1,378	36 "	0,761616	"	"	3365,0	79,79	61,92	0,776	
	6	243,600	70,56	1,770	1,770—0,400=1,370	42 "	0,888552	"	"	3915,4	92,40	73,00	0,779	
	7	285,600	81,32	1,930	1,930—0,400=1,530	48 "	1,015488	"	"	4728,6	121,00	97,28	0,799	
												Moy..	0,754	
	7bis	285,600	80,75	1,950	1,950	48 "	1,015488	"	"	5338,4	138,80	96,60	0,696	La turbine tournait dans l'eau, noyée de $0^m,280$.
	7ter	305,600	76,00	1,930	1,930	48 "	1,015488	"	"	5310,8	136,66	97,29	0,712	
												Moy..	0,704	
(1)	(2)	(3)	(4)	(5)	(6)	(7)	(8)	(9)	(10)	(11)	(12)	(13)	(14)	

CONSIDÉRATIONS SUR L'EFFET UTILE DES GRANDS COURS D'EAU.

———

Dans la lettre que j'avais l'honneur d'adresser à M. le Sénateur Préfet de la Seine, en présentant un projet d'élévation d'eau au moyen des nouveaux récepteurs (roues-turbines) pour l'usine de Saint-Maur, j'avais proposé de construire six systèmes, tels qu'ils sont figurés sur la planche gravée représentant le projet d'ensemble.

Les Ingénieurs de la ville de Paris, reconnaissant les avantages que pouvait donner la combinaison des nouvelles machines, tant pour les roues-turbines que pour les nouvelles pompes à double effet et à pistons plongeurs, décidèrent de construire un premier appareil pour en connaître le résultat pratique, concurremment avec deux turbines de M. Fourneyron, du système qui fonctionnait aux moulins de Saint-Maur depuis 1837. Les résultats obtenus avec ce premier appareil furent si satisfaisants, tant pour le grand effet utile en eau montée au moment des plus basses eaux (étiage) que pour sa marche régulière pendant les hautes crues, où la roue s'était trouvée plongée de 3 à 4 mètres dans l'eau d'aval, que la résolution fut prise immédiatement de compléter l'usine par le nouveau système, et une nouvelle commande fut faite de trois appareils semblables au premier, pour lesquels les emplacements avaient du reste été réservés.

L'usine hydraulique actuelle comprend donc quatre systèmes de roues et deux systèmes de turbines. Ainsi donc, dans le projet que représente la planche annexée, il faut considérer que les emplacements des deux roues extrêmes de l'usine se trouvent occupés par les deux turbines.

Pendant la construction du premier système de roue et pompe, j'ai introduit quelques perfectionnements que j'aurais voulu décrire ici ; mais ayant l'intention de modifier certaines parties de la construction des machines, que la position de l'emplacement de Saint-Maur ne me permettait pas d'adopter, je me réserve de publier, dans une prochaine brochure, tous ces perfectionnements et changements, qui devront donner des résultats meilleurs, sinon comme effet utile, du moins comme fonctionnement des machines, par une distribution plus rationnelle de la force de la roue sur un ou plusieurs groupes de pompes, ce qui permettra de donner aux nouveaux récepteurs encore une plus grande puissance qu'à ceux établis à Saint-Maur. Cet établissement, élevé par la municipalité de Paris, est le plus grand et le plus puissant qui existe dans ce genre ; il offre ce double avantage de représenter dans les récepteurs qui le composent le progrès nouveau, *roues-turbines*, et le progrès ancien, *turbines*. Disons en passant que, dans cette édification, les ingénieurs n'ont pas été tentés de suivre les traces de ce qui venait de se faire dans la reconstruction des machines de Marly. En effet, cette usine est loin de représenter les progrès nouveaux et anciens ; l'auteur de la reconstruction est même resté au-dessous de son devancier Rennequin. Celui-ci avait mieux compris le mode d'action de l'eau motrice qu'il convenait d'employer pour actionner directement les pompes élévatoires, qui, comme on le sait, sont susceptibles d'une résistance variable périodique. M. Dufreyer, chargé de la reconstruction des machines élévatoires de Marly, connaissait les perfectionnements importants que j'avais introduits dans le mode d'action de l'eau, auquel Rennequin avait donné la préférence. Il possédait même les projets que j'avais présentés à l'Administration de la Liste civile, où je faisais connaître ces importants perfectionnements, qui avaient déjà reçus la sanction d'une longue pratique dans l'industrie privée ; ce qui se trouve consigné dans un article inséré dans le numéro du 15 août 1867 du *Journal des Papetiers*, ce que je résume ici. Ces perfectionnements consistaient : 1° dans la réalisation du principe de la libre déviation des veines liquides sur des aubes courbes, ce qui assure le meilleur effet utile de l'eau motrice ; 2° dans la disposition d'un vannage partiel à soulèvement successif des vannettes, qui utilise des volumes d'eau très-variables, en permettant de restreindre le débit, au moment des plus hautes chutes, à l'étiage, et de l'augmenter considérablement, en temps de crues, sous les plus basses chutes, et conserve toujours ainsi la même puissance au récepteur ; 3° enfin dans l'adoption de l'appareil que j'ai appelé *hydropneumatique*, qui, donnant la faculté de faire tourner le récepteur sous l'eau d'aval dans l'air comprimé, rend son bon fonctionnement indifférent aux crues hautes et moyennes, et permet de placer le moteur au niveau convenable pour utiliser intégralement toute la chute que donne le plus grand abaissement du niveau d'aval.

Au lieu de faire profiter l'usine de Marly de tous ces avantages assurés, on a donné la préférence aux roues à palettes planes, établies dans les plus mauvaises conditions pour donner le mouvement à des pompes et pour utiliser convenablement les chutes, soit en temps d'étiage, soit en temps de crues. En effet, au moment des très-basses eaux, les roues laissent perdre une notable partie de la chute, pour être soustraites autant que possible aux crues qui paralysent leur mouvement ; ce qui n'empêche pas qu'on soit contraint de les arrêter, et pendant des mois entiers, comme cela eut lieu dans les crues de 1866 et 1867, alors qu'il passait en pure perte sur le déversoir des milliers de chevaux de force.

Nous n'avons pas besoin de renouveler ici les qualités des machines élévatoires de Saint-Maur, la lettre adressée à M. le Sénateur Préfet de la Seine les indique suffisamment, et je puis dire que toutes les promesses que j'avais faites ont été dépassées ; cela m'autorise à croire que celles que j'avais faites à la Liste civile l'auraient été également, si les agents des eaux de Versailles n'avaient pas pris parti contre mes propositions et même contre la décision d'une Commission nommée par Son Excellence le Ministre de la Maison de l'Empereur, Commission qui avait émis l'idée d'appliquer les turbines perfectionnées.

La critique que je viens de faire sur les agents du service des eaux de Versailles, chargés de la reconstruction des moteurs qui utilisent actuellement la chute de Marly, nous conduit naturellement à faire l'éloge de Rennequin, qui, le premier, a conçu cette élévation d'eau. Ce charpentier ingégieux avait mieux compris que ses successeurs, ainsi que je l'ai dit plus haut, le mode d'action de l'eau qu'il convenait d'employer pour l'utilisation rationnelle de la chute de Marly, appelée à mettre directement des pompes en mouvement. En effet, ces dernières devant opposer au moteur une résistance périodiquement variable, il fallait donner à ses organes une vitesse assez grande pour que leur force vive fût capable d'atténuer les effets de cette variabilité. Il avait compris aussi, et en cela on l'a imité, qu'il fallait donner au diamètre des roues la grandeur nécessaire pour que leur axe fût le plus élevé possible *au-dessus du niveau des crues d'aval.*

Ce grand diamètre de roue donnait encore plus de valeur à l'idée de Rennequim, de faire prendre aux organes qui les composaient la plus grande vitesse possible, afin d'augmenter le nombre de révolutions ou coups de piston par minute, ce qui diminue d'autant les effets de la résistance variable. Des calculs bien simples font voir combien ce raisonnement était juste. Il aurait pu encore accroître le nombre de révolutions pour diminuer ces effets de résistance variable en adoptant des engrenages de transmission, mais il avait compris l'inconvénient de cet intermédiaire, source d'accidents, surtout à cette époque, où ces engins étaient moins perfectionnés qu'aujourd'hui ; et je dirai que, même de nos jours, il ne faut jamais employer les engrenages pour transmettre des efforts variables.

Je suis persuadé que si l'ingénieux Rennequim avait su qu'il existait quelque part des récepteurs qui, tout en donnant un grand effet utile de la force vive de l'eau, pouvaient marcher aussi bien en temps de crues qu'en temps d'étiage, il aurait servi au roi Louis XIV de pareils engins pour l'élévation d'eau de Marly, et il est à regretter pour notre siècle de progrès que l'Empereur Napoléon III n'ait pas eu un nouveau Rennequim pour la reconstruction de cette usine.

Je regrette de ne pouvoir donner encore le procès-verbal qui doit compléter les expériences sur les machines de Saint-Maur, comme je l'ai fait pour celles de la ville du Mans ; mais dès à présent, par des séries d'expériences faites au moment des plus basses eaux, là où le rendement a besoin d'atteindre son maximum, il a été reconnu qu'en prenant un coefficient de 90 pour 100 du débit théorique des orifices injecteurs pour le jaugeage de l'eau dépensée pendant les essais, l'effet utile en eau montée s'est élevé jusqu'à 64 pour 100, le rendement garanti n'étant que de 50 pour 100. Je dois rappeler ici que, dans le procès-verbal des expériences sur les machines élévatoires du Mans, M. l'Inspecteur général Dupuit, chargé de la réception, a déterminé expérimentalement le coefficient de débit des orifices sur des roues semblables à celles de Saint-Maur. Il a reconnu que ce coefficient était de 80 pour 100, ce qui confirmait mes prévisions. Les injecteurs des roues de Saint-Maur étant beaucoup plus resserrés à la partie inférieure, à cause de la grande chute à utiliser, que ceux des roues du Mans, donnent lieu à une moindre contraction des veines liquides ; et c'est pour cette raison que j'ai indiqué, pour jauger l'eau dépensée par ces nouvelles roues, un coefficient de 90 pour 100 au lieu de 80 pour 100. Il ne reste plus que ce point à vérifier pour compléter les expériences ; mais je dois dire de suite que ce coefficient est plutôt trop fort que trop faible.

Les roues de Saint-Maur représentent, comme grandeur en diamètre, le type qu'il convient de prendre pour utiliser rationnellement la puissance des fleuves, après que ceux-ci auront été barrés de manière à créer la plus grande chute possible en temps d'étiage, parce que c'est à cet instant qu'on a le moins d'eau à dépenser, et qu'il convient d'utiliser intégralement la plus haute chute possible, car sitôt l'étiage passé, la puissance du cours d'eau augmente dans de grandes proportions.

Je crois le moment venu où il faut s'occuper sérieusement de l'utilisation de nos grandes puissances hydrauliques, attendu que la force de nos petites rivières devient insuffisante

à notre industrie manufacturière. En effet, on voit s'élever de plus en plus à côté d'elles de grandes cheminées qui indiquent assez qu'il existe une pénurie de la force naturelle. Sous ces cheminées chauffent de puissantes chaudières qui alimentent des machines à vapeur supplémentaires de force exigeant une consommation de charbon ruineuse pour nos industries, sans compter les détériorations des chaudières et l'entretien des machines à vapeur, toujours plus coûteux que l'entretien des récepteurs hydrauliques.

Les idées sur l'utilisation de la puissance hydraulique de nos fleuves ne sont pas neuves, car son importance n'a pas échappé à nos économistes. En effet, quand on pense que le Rhône donnerait à lui seul une force d'environ 1 million de chevaux, et que pour réaliser cette puissance par machines à vapeur il faudrait dépenser au moins 1 milliard par an, on comprend facilement tout l'intérêt que mérite une pareille question, qui doit attirer la sérieuse attention des hommes d'État. Mais suffit-il de reconnaître qu'il existe là une grande richesse dont on n'a pas encore tiré parti ? Non, il faut indiquer les moyens de la réaliser. Je me suis constamment occupé de perfectionner les récepteurs hydrauliques pour utiliser nos petits cours d'eau plus rationnellement qu'on ne le faisait avant nous. Les types représentés *fig.* 1 à 6, pris parmi tous ceux que j'ai introduits dans l'industrie privée, en rendent témoignage. Il me restait à aborder une question d'un ordre plus élevé, et j'ai, dans ces dernières années, introduit un nouveau récepteur qui permet de résoudre les questions les plus difficiles, celles de l'utilisation rationnelle de nos grandes puissances fluviales.

Quand on veut obtenir d'un fleuve le maximum de sa puissance, il faut : 1° que les récepteurs hydrauliques puissent fonctionner avec des volumes d'eau très-variables ; 2° que leur bon fonctionnement soit indépendant des crues d'aval, qui les immergent plus ou moins ; 3° qu'ils donnent le maximum d'effet utile au moment des plus basses eaux (à l'étiage), alors que la puissance du fleuve est la plus réduite.

J'ai la conviction que les roues de Saint-Maur remplissent ces importantes conditions, ce que d'ailleurs l'expérience a prouvé, puisqu'elles ont donné un rendement très-élevé au moment de l'étiage, et qu'elles ont été indifférentes aux hautes crues des années 1866 et 1867, conservant presque entièrement leur puissance, alors que les deux turbines, soi-disant douées de la propriété d'être indifférentes aux crues, s'arrêtaient complètement. Si les turbines ont succombé dans leur comparaison avec les roues-turbines, cela devait-il à plus forte raison arriver aux roues à aubes planes de Marly ; et en effet, ainsi que nous l'avons dit, celles-ci ont été arrêtées des mois entiers dans les crues de 1866 et 1867, tandis qu'une puissance dix fois supérieure à celle qu'elles peuvent utiliser passait en pure perte sur le déversoir. Rappelons ici que, pour parer à cet arrêt, les roues ont été placées à un niveau relativement élevé, qui fait perdre une partie de la chute à l'étiage.

Pour bien se pénétrer du service important que peut rendre la puissance des fleuves, prenons un exemple : la ville de Paris possède de nombreuses machines à vapeur pour le service des eaux ; la force du cheval lui coûte, en eau montée, en moyenne, de 1200 à 1300 francs par an. Or il existe en amont et en aval de Paris deux barrages formant deux chutes d'eau qui donneraient ensemble, si elles étaient bien utilisées, au moins 2000 chevaux en eau montée. Je puis assurer, et au besoin le garantir, que l'établissement des machines hydrau-

— 18 —

liques, roues et pompes, bâtiments tout compris, coûterait moins que l'établissement d'une pareille puissance en machines à vapeur, et comme l'entretien annuel de l'ensemble des machines hydrauliques atteindrait à peine 100 francs par force de cheval en eau montée, on voit que l'économie qui en résulterait serait de plus de 1000 francs par cheval, soit pour les 2000 chevaux UNE ÉCONOMIE DE DEUX MILLIONS PAR AN.

M. le Sénateur Préfet de la Seine, dont la haute intelligence est bien connue, non-seulement pour les embellissements de la capitale, mais aussi pour les questions techniques, ne tardera pas à faire profiter la ville de Paris du bienfait que peut apporter l'utilisation de cette grande force naturelle. Et nous savons de bonne source qu'il en fait examiner le projet. Les deux chutes de la Seine placées en amont et en aval de Paris exigeront des récepteurs et des pompes autres que celles établies à Saint-Maur, tout en conservant le même système ; mais ces machines, ayant à remplir des conditions plus variées qu'à Saint-Maur pour utiliser la plus grande puissance possible en temps d'étiage et de grandes et moyennes crues, doivent nécessairement subir de notables modifications. Elles doivent en outre remplir cette importante condition de continuer à fonctionner, alors que la chute sera presque disparue par suite de très-hautes crues.

Je puis assurer que toutes ces conditions pourront être remplies facilement, en ce sens que les machines pourront être installées dans un bâtiment fait exprès, ce qui donnera plus de facilités qu'à Saint-Maur, où il a fallu se conformer à l'emplacement existant. Je viens de faire cette nouvelle étude, qui comprend un projet de machines complet, que je me propose de publier dans la prochaine brochure sous le même titre : *Elévation d'eau. Alimentation des villes.* Je ferai paraître en même temps une autre série de types de turbines que j'ai introduits dans l'industrie privée, j'y ajouterai le projet d'un barrage mobile fait d'après un modèle fonctionnant, qui devra, par son extrême mobilité, être un nouvel élément pour faciliter à la fois l'utilisation des grandes puissances hydrauliques et la navigation. Enfin, comme toute innovation est susceptible de critique et de louange, je ferai paraître les écrits des personnes qui aiment à vulgariser ou limiter le progrès, suivis de ma réponse. Je crois ce moyen excellent pour éclairer la question ; les opinions personnelles étant ainsi appréciées par l'opinion publique.

PARIS. — IMPRIMERIE DE GAUTHIER-VILLARS, RUE DE SEINE-SAINT-GERMAIN, 10, PRÈS L'INSTITUT.

VILLE DU MANS.

DISTRIBUTION D'EAU. — ÉTABLISSEMENT DES ROUES-TURBINES.

PROCÈS-VERBAL
D'ÉPREUVES DES MACHINES ÉLÉVATOIRES.

Le dix-huit juillet mil huit cent soixante-quatre, les sous-signés :

M. Dupuit, Inspecteur général des Ponts et Chaussées, chargé par M. le Maire de la ville du Mans de la direction des travaux de distribution d'eau dans cette ville ;

M. Thoré, Ingénieur des Ponts et Chaussées, chargé par M. Dupuit de la conduite et de la surveillance de ces travaux ;

M. Girard, Ingénieur civil, un des deux adjudicataires de la fourniture des machines élévatoires pour la distribution d'eau de la ville du Mans, en vertu du Cahier des charges accepté par eux le 10 juin 1863 ;

Se sont rendus au gué de Maulny pour reconnaître et constater si le rendement des machines hydrauliques remplit les conditions de l'article 9 du Cahier des charges précité, article ainsi conçu :

« Chaque roue hydraulique devra exécuter le travail suivant
» par seconde :

» 5 litres à 65 mètres de hauteur........ 325^{km} }
» 12^{lit},50 à 40 mètres de hauteur........ 500 } 825^{km}

» Ce travail sera mesuré par le produit des conduites de
» refoulement multiplié par la pression manométrique de ces
» conduites, augmentée de la hauteur du manomètre au-des-
» sus de l'aspiration.
» L'eau motrice ne devra donner, pendant l'expérience,
» qu'un travail double, c'est-à-dire de 1650 kilogrammètres
» ou de 3300 kilogrammètres pour les deux, c'est-à-dire que
» les constructeurs garantissent un effet utile de 50 pour 100
» en eau montée. »

La ville du Mans n'ayant pas encore fait construire le réservoir supérieur de la distribution, l'épreuve n'a pu être faite dans les conditions rigoureuses du Cahier des charges. On a cherché à les remplacer, autant que possible, par des conditions équivalentes.

La première constatation à faire était de reconnaître le *produit des pompes* à la marche normale de 10 tours par minutes, prescrite par l'article 2 du Cahier des charges.

A cet effet la machine n° 1 a été mise en marche sur le réservoir de l'abattoir, et il a été reconnu qu'elle avait fourni, dans ce réservoir, un volume
d'eau de. . . . . 23^{mc},802
pour un nombre de tours de. 209,50
et pour un nombre de minutes de. 20
Ce qui fait par tour. . . . . 113^{lit},6
et pour dix tours par minute. . . . . 1136^{lit}

et par seconde, avec une vitesse de dix tours par
minute. . . . . 18^{lit},93
Le Cahier des charges prescrivant un volume de. . 17^{lit},50

On en conclut que *les machines fournissent par
seconde, en sus de la quantité exigée*. . . . . 1^{lit},43

Le *rendement mécanique* a été constaté de la manière suivante : on a fait marcher chacune des deux roues en laissant les robinets des deux pompes ouverts, de manière que leur produit fût transmis dans la canalisation.

Voici les résultats obtenus :

	1re roue.	2e roue.
Pression indiquée par le manomètre pendant la marche.	34^m,60	33^m,37
Hauteur du manomètre au-dessus de l'amont.	1^m,60	1^m,60
Hauteur totale de l'ascension.	36^m,20	34^m,97
Nombre de tours observés pendant cinq minutes.	51^t,50	51^t,50
Nombre moyen par minute.	10^t,30	10^t,30
Quantité d'eau élevée par seconde...	18^{lit},93	18^{lit},93
Produit de la quantité d'eau élevée par seconde, par la hauteur d'ascension, ou kilogrammètres utiles produits.	685^{km}	662^{km}

Le débit de l'eau motrice pendant l'expérience a été calculé de la manière suivante :

| | 1re ROUE. | 2e ROUE. |

	1re ROUE.	2e ROUE.
Section de l'orifice de l'injecteur.....	$0^{mq},317$	$0^{mq},317$
Section contractée $0,80 \times 0,317$. (Par des expériences antérieures on s'est assuré que le coefficient $0,80$ est plutôt trop fort que trop faible).............	$0^{mq},2536$	$0^{mq},2536$
Hauteur de la charge sur l'orifice de l'injecteur (h)........	$0^{m},914$	$0^{m},876$
Vitesse de sortie $\sqrt{2gh}$.............	$4^{m},230$	$4^{m},145$
Dépense de l'inject. $0^{mq},2536 \times \sqrt{2gh}$.	$1^{mc},070$	$1^{mc},050$
Hauteur de la chute...............	$0^{m},150$	$0^{m},177$
Travail du moteur QH............	1230^{km}	1235^{km}
D'après le Cahier des charges, ce travail pourrait s'élever à deux fois le travail utile, soit.....................	1370^{km}	1324^{km}
Les machines, pendant l'expérience, ont demandé au moteur une quantité de travail de........................ en moins de celle qu'elles auraient pu demander d'après le devis.	140^{km}	89^{km}
Autrement, le rapport du travail de la machine à celui du moteur est égal à...	$0,556$	$0,536$
Tandis qu'il pourrait n'être que de...	$0,500$	$0,500$
Le rendement est donc supérieur à celui exigé par le Cahier des charges de.	$0,056$	$0,036$

D'après ces résultats, il est constant que les machines élévatoires fournies par MM. Girard et Callon remplissent largement les conditions de l'article 9 du Cahier des charges, et qu'il y a lieu d'en prononcer la réception provisoire.

En foi de quoi le présent procès-verbal a été dressé pour servir et valoir ce que de raison.

Au Mans, 18 juillet 1864,

L'Inspecteur général, *L'Ingénieur ordinaire,* *Le Constructeur,*

Signé : DUPUIT. Signé : THORÉ. Signé : GIRARD.

Copie certifiée conforme à l'original,

Paris, 1865,

L.-D. GIRARD, Ingénieur civil,

35, rue du Faubourg-Poissonnière. — Paris.

PARIS. — IMPRIMERIE DE GAUTHIER-VILLARS, RUE DE SEINE-SAINT-GERMAIN, 10, PRÈS L'INSTITUT.

BARRAGES.

CRÉATION DE FORCE MOTRICE ET NAVIGATION.

UTILISATION DES FLEUVES.

CONSIDÉRATIONS GÉNÉRALES.

Les transports par eau ont toujours été reconnus les plus économiques, ne demandant que très-peu de frais de traction, lorsque les courants sont peu rapides. Il n'est donc pas étonnant que les ingénieurs attachés au service de la navigation se soient préoccupés de la faciliter par tous les moyens possibles, soit en créant une navigation artificielle (canaux), soit en cherchant à maintenir un certain tirant d'eau pour faciliter la navigation des rivières en temps d'étiage.

Le moyen le plus simple était d'établir des barrages déversoirs convenablement disposés pour donner une grande section de débit en temps de crue, et pouvant maintenir le niveau en amont, en temps de basses eaux, à une hauteur suffisante pour assurer un service régulier à la batellerie.

Il fallait aussi conserver aux bateaux un passage qui leur permît de franchir la différence de niveau séparant les deux biefs, ce que l'on fait au moyen de pertuis maintenus fermés lorsque l'eau manque.

Les avantages que pouvait offrir une pareille disposition étaient considérables. En effet, elle rendait la navigation facile alors qu'elle était complétement impossible, et de plus elle facilitait l'utilisation d'une force motrice très-précieuse. Cette innovation équivalait à la découverte de nouvelles mines de charbon, tandis que l'emploi des barrages déversoirs revien-

II.

drait en quelque sorte à la création de mines d'une inépuisable richesse.

Ce premier pas fait, on alla de l'avant, comme il arrive toujours dans toutes les réussites; le succès du jour a nécessité le progrès le lendemain. On s'aperçut bientôt que l'ouverture du pertuis à chaque passage de bateau faisait considérablement baisser le niveau du bief supérieur et retardait la navigation; d'autre part, le passage du pertuis offrait de sérieuses difficultés, et devenait même dangereux pour les mariniers et les bateaux. Enfin, à ce double inconvénient, il fallait encore en ajouter un autre, celui de perdre une grande partie de l'eau motrice, qui, au lieu de venir donner la vie à l'usine, passait en force perdue par le pertuis.

Ces graves inconvénients ont fait adopter successivement, dans presque tous nos petits cours d'eau navigables, des écluses à sas, ce qui a réduit considérablement le volume d'eau dépensé par le passage des bateaux (1).

Les écluses à sas, remplaçant les pertuis, ont non-seulement facilité la navigation, mais elles ont donné aussi une plus grande valeur aux usines placées à côté des barrages. En effet, le volume d'eau utilisé par ces usines a été augmenté dans de grandes proportions, et du même coup la chute est restée constante et à sa hauteur maximum.

Il était donc tout naturel d'étendre ce qu'on venait de faire pour faciliter la navigation des petites rivières aux grands

---

(1) Cette dépense d'eau est encore très-considérable. En 1839, j'ai imaginé une nouvelle écluse (écluse à bassin flottant et à siphon alternatif) destinée à être appliquée aux points de partage des canaux de navigation, qui réduit la dépense ordinaire en eau dans des proportions inespérées.

1

cours d'eau. Mais ici le problème était plus difficile, on ne pouvait plus exécuter de barrages fixes à déversoirs, car en réduisant la section de débit, on pouvait craindre des inondations entraînant des effets désastreux, ce qui n'arrive que trop souvent. On tourna donc la difficulté en imaginant des barrages mobiles pouvant disparaître au fond de l'eau au moment des hautes crues. Deux systèmes de barrage de cette nature ont surgi, il y a une trentaine d'années, le barrage Poirée et le barrage Thénard. Ces deux habiles ingénieurs avaient indiqué chacun un système qui, tout en concourant au même but, différaient cependant dans leur disposition. Le premier, nommé *à aiguilles*, exige un certain démontage pour le faire disparaître; le second, nommé *ventelles à bascule*, pouvait se rabattre en se couchant directement dans le sens du courant. Le barrage Poirée présentait, sur le second, certains avantages pour former des retenues un peu élevées, exigées par les rivières à grande section d'eau. Il a pu, par ce fait, recevoir un grand nombre d'applications qui rendent aujourd'hui d'utiles services et qui font la gloire de son auteur.

Le barrage Thénard, fort ingénieux, plus mobile que le premier, ne pouvait pas s'appliquer pour barrer, comme celui de M. Poirée, de grandes hauteurs; il n'a pu, par conséquent, recevoir d'applications sur les grandes rivières.

Il aurait fallu, pour former de hautes retenues, posséder un moyen de relevage mécanique étudié plus tard par plusieurs ingénieurs; mais, malgré des dispositions plus ou moins heureuses, on a toujours échoué lorsqu'on a voulu manœuvrer de grandes ventelles capables de remplir les conditions du barrage à aiguilles.

Le but que je me suis proposé étant de faire de grandes retenues d'eau complétement mobiles, ne doit pas m'empêcher de faire connaître un progrès qui a été accompli dans une disposition nouvelle de hausses mobiles pour barrages fixes, qui rappelle le barrage Thénard, et dont la disposition ne laisse rien à désirer. Un semblable barrage, système Louiche-Desfontaines, vient d'être appliqué au barrage fixe de Joinville-le-Pont sur la Marne; le résultat a été des plus satisfaisants, je dois reconnaître qu'il est difficile de faire mieux, toutes les fois qu'il s'agira de construire sur une rivière un barrage fixe d'une certaine hauteur. En effet, profiter de l'emplacement qu'offre le barrage fixe pour y loger des ventelles compensatrices à celles qui font retenue d'eau, est certes une idée des plus heureuses, et le problème des hausses mobiles se trouve réalisé de la manière la plus simple par une disposition qui n'est autre qu'une valve dont l'un des côtés, celui qui est dans la maçonnerie, recevant la pression tantôt d'amont, tantôt d'aval, détermine ainsi tantôt le relèvement, tantôt l'abaissement des hausses mobiles.

La lacune qui restait à remplir, selon moi, c'est la création d'un barrage mobile à grande retenue pour barrer nos fleuves, afin d'en tirer tout le travail mécanique qu'ils sont susceptibles de donner en facilitant du même coup la navigation, comme le fait actuellement le barrage à aiguilles. Ce nouveau barrage mobile serait entièrement automoteur pour opérer son relèvement et son abaissement.

BARRAGES HYDROPNEUMATIQUES.

En 1849, j'avais trouvé cette solution en imaginant des barrages fixes et mobiles nommés *hydropneumatiques*. Les premiers consistaient dans l'établissement de plusieurs grands siphons superposés dont les orifices d'aval étaient en contrebas de ceux d'amont de toute la hauteur qu'on voulait donner à la chute. Ces siphons occupaient toute la largeur de la rivière, et leur section pouvait être égale à celle occupée par les grandes crues, afin que le débit total de l'eau pût se faire sans nécessiter un exhaussement du niveau d'amont. Voulait-on barrer le passage à l'eau par cette disposition, il suffisait de faire arriver de l'air comprimé dans la partie supérieure des siphons : ceux-ci se trouvaient désamorcés, l'eau ne pouvait plus s'écouler, et le barrage était formé. Voulait-on, au contraire, livrer passage à l'eau, il suffisait de laisser évacuer l'air comprimé par une ou plusieurs soupapes, et l'écoulement se trouvait rétabli.

Comme on peut le voir, il était difficile de trouver un mécanisme plus simple pour barrer un cours d'eau, car l'élément qui servait à cet effet était d'une extrême mobilité, c'était simplement l'air qui se déplaçait.

Cette première disposition de barrage hydropneumatique avait un côté faible, c'était celui de ne pouvoir s'appliquer qu'en laissant subsister un obstacle au milieu de la rivière, qui, tout en permettant à l'eau des plus grandes crues de passer, pouvait avoir l'inconvénient, sur certaines rivières susceptibles de charrier de grands corps flottants, d'obstruer le siphon et de nuire ainsi à l'écoulement de l'eau.

Reconnaissant de suite qu'il y avait là une objection sérieuse qui pouvait faire rejeter l'application du système, je fis immédiatement l'étude d'autres barrages, reposant aussi sur le principe de l'action de l'air comprimé, et que j'appelais *barrages hydropneumatiques mobiles*, parce qu'ils pouvaient disparaître complétement pour laisser la section de la rivière entièrement libre. Celui de ces barrages qui me paraissait remplir le mieux les conditions pratiques avait quelque analogie avec le barrage que l'Administration des Ponts et Chaussées fit exécuter depuis, vers l'année 1852, au Pont-Neuf, à l'écluse de la Monnaie. Seulement, on ne jugea pas à propos de se servir d'air comprimé pour sa manœuvre; on se contenta, à cause de ses faibles dimensions, de le faire mouvoir au moyen de treuils placés dans les bajoyers du barrage.

Tout en ayant la ferme conviction que ce barrage, que j'appelais *vanne circulaire hydropneumatique*, pouvait remplir toutes les conditions désirables pour servir à retenir les eaux à des hauteurs plus élevées qu'aucun autre barrage existant, je n'en ai pas moins éprouvé de très-grandes difficultés pour le faire adopter par l'Administration des Ponts et Chaussées, qui, tout en reconnaissant l'idée rationnelle du système, objectait que son application exigerait une trop grande dépense pécuniaire.

J'en étais resté là en 1850, ne voyant pas de nouveaux perfectionnements à apporter à ce système, pensant qu'avec le temps on finirait par reconnaître l'urgence d'utiliser la force

motrice de nos fleuves en l'appliquant à l'industrie, et qu'a-
lors l'exécution de ce nouveau barrage ne représentant plus
qu'une dépense insigniflante, comparée au résultat à obtenir,
l'inconvénient qui avait empêché sa mise à exécution devait
disparaître.

Aujourd'hui, dix-huit ans plus tard, nous voyons approcher
le moment où il va être tout à fait indispensable d'utiliser la
force motrice de nos fleuves pour venir au secours de l'industrie manufacturière, et la réalisation des grandes Roues-
Turbines, appliquées aux élévations d'eau de Saint-Maur,
vient de montrer qu'on peut utiliser des chutes d'eau dont les
niveaux d'amont et d'aval varient dans de grandes proportions,
sans qu'elles soient gênées dans leur fontionnement, tout en
donnant un très-grand effet utile au moment de l'étiage, c'est-
à-dire dans le moment où l'on a le besoin le plus urgent de
tirer le meilleur parti possible de l'eau en raison même de sa
rareté.

La réalisation de ce nouveau récepteur m'a engagé à re-
prendre mes anciennes études de barrage pour tenter un nouveau progrès dans ce genre d'appareils.

Les barrages et les récepteurs doivent concourir à un même
but, celui de venir en aide à notre industrie manufacturière.
En effet, la consommation toujours croissante du charbon par
nos machines à vapeur, qui en tirent le travail mécanique nécessaire à l'industrie, fait prévoir, dans un avenir qui se rapproche chaque jour, l'épuisement complet des entrailles de la
terre, tandis qu'au contraire les grands fleuves, mieux encore
que les petits cours d'eau dont nous parlions tout à l'heure,
sont de véritables mines inépuisables où la force motrice se
renouvelle sans cesse, et continue à se renouveler ainsi tant
que l'eau et le soleil existeront.

C'est lui qui, par sa puissance calorifique, transforme, depuis que le monde existe, l'eau en vapeur, et l'élève dans
l'atmosphère sans que sa puissance accuse aucune défaillance.

Par ce qui précède, je crois qu'il est suffisamment démontré
que notre existence industrielle dans l'avenir se trouve toute
dans l'utilisation de la puissance de nos fleuves. Je dirai même
que cette utilisation devrait passer avant la navigation comme
intérêt public, s'il n'était pas possible de faire avancer ensemble ces deux grandes questions.

Le barrage hydropneumatique que nous avons décrit plus
haut peut facilement être appliqué à la création de grandes
chutes d'eau, et rendre d'utiles services à la navigation et à
l'industrie. Néanmoins, j'ai cru qu'une disposition qui ne né-
cessiterait pas la division de la largeur de la rivière en un
nombre de travées déterminé, et qui remplacerait le barrage
à aiguilles, sans avoir les inconvénients du démontage et du
remontage souvent périlleux, présenterait plus de facilité et
moins d'encombrement que les piles qui devaient servir de
bajoyer à mon barrage hydropneumatique mobile.

C'est cette solution que je crois avoir trouvée. La nouvelle
combinaison que je propose est basée sur un principe déjà
appliqué pour ouvrir et fermer les vannes des nouveaux récepteurs (Roues-Turbines) que je viens d'établir à l'usine hydraulique de Saint-Maur, élevant les eaux de la Marne pour le
service municipal de Paris.

L'ouverture des vannes de mise en train de ces Roues, qui
demandait, par les moyens ordinaires, près de quinze minutes,
peut se faire aujourd'hui en quelques secondes seulement. Ce
résultat me paraît être une garantie assez sérieuse de celui
qu'il est permis d'attendre du nouveau barrage reposant sur

le même principe. En effet, si pour la mise en marche des
Roues de Saint-Maur, il ne faut environ que $\frac{1}{200}$ du temps qu'il
faudrait avec l'ancienne disposition, on ne sera pas trop
étonné qu'on puisse barrer ou débarrer entièrement un fleuve
en moins d'une minute, ce qui sera d'ailleurs démontré plus
loin.

BARRAGE HYDROMOTEUR.

SA DESCRIPTION.

Ce nouveau barrage mobile se compose :

1° D'une série de ventelles construites au moyen de fers à
double T reliés à leur partie inférieure par des oreilles à une
barre de fer ronde faisant charnière sur toute sa longueur
dans une gorge en fonte convenablement fixée sur la crête
du radier.

Ces fers à double T sont recouverts à leur partie inférieure
par une lame de tôle qui les réunit tous, l'autre partie est re-
couverte de madriers de chêne ou de tôle de fer, ce qui constitue définitivement la ventelle.

2° D'une série de presses hydrauliques, servant à manœuvrer chaque ventelle, qui peut ainsi fonctionner séparément.
Le piston de la presse porte à sa partie supérieure une traverse en fonte convenablement nervée, ayant une forme se
rapprochant de celle qu'il convient de donner aux armatures
d'égale résistance : elle porte trois coulisseaux venus de fonte,
destinés à glisser sur trois glissières fixées sur le versant du
radier.

3° D'une série de bielles à fourche qui embrassent les fers
à double T des ventelles, et sont articulées d'une part au point
milieu de ces fers, et d'autre part avec la traverse en fonte formant tête de piston; celle-ci porte un coulisseau à l'aplomb
de chaque bielle, afin que l'effort se transmette directement
sur les glissières qui servent de guides à la traverse.

4° D'une série de tubes en fer étiré, fixés d'un bout avec
chaque presse hydraulique, et portant à l'autre extrémité un
robinet à trois eaux permettant d'introduire ou de faire évacuer
l'eau du corps de presse pour élever ou abaisser le barrage.

5° D'un réservoir accumulateur pour maintenir en réserve
une quantité d'eau nécessaire au fonctionnement du barrage,
de telle sorte qu'à un moment donné on puisse, dans un temps
très-court (une minute, par exemple), exécuter la manœuvre.
Ce réservoir est alimenté par l'un des récepteurs hydrauliques
fonctionnant sous l'action de la chute d'eau créée par le barrage mobile.

La manœuvre de ce barrage est des plus simples.

Supposons le barrage couché sur le radier, les pistons sont
alors rentrés complètement dans leurs corps de presses. Le
réservoir accumulateur étant sous pression, on ouvrira la série
de robinets à trois eaux, l'eau viendra pousser les pistons qui,
par l'intermédiaire des traverses, actionnent les bielles; celles-

ci agiront sous les ventelles et les soulèveront à la hauteur voulue ; le barrage sera ainsi formé. Si maintenant on veut coucher le barrage et laisser à l'eau son libre cours, on tournera les robinets pour faire évacuer l'eau contenue dans les presses, et le barrage descendra pour venir se poser sur le radier sans aucun choc.

Je dois faire remarquer que, pour le démarrage des ventelles, lorsqu'elles sont couchées sur le radier, l'angle formé par la bielle, avec le plan horizontal de ces ventelles, produit une composante qui suffit pour vaincre la résistance représentée à ce moment par le seul poids de cette ventelle, et comme on possède dans l'accumulateur la pression capable de résister à la poussée de la retenue d'eau, on dispose d'une puissance plus que suffisante pour opérer ce démarrage. Quant au complet abaissement des ventelles, il est assuré par la même disposition ; car, si lorsqu'elles arrivent au bas de leur course, la retenue d'eau ne les pousse plus avec vigueur, l'angle très-faible des bielles, avec le plan de ces ventelles, fait naître sur le piston une composante très-énergique qui les ramène infailliblement sur le radier.

On remarquera aussi que le piston, destiné à se mouvoir dans le corps de presse, ne doit jamais pouvoir prendre une trop grande accélération due à l'excédant de puissance sur la résistance, parce qu'il pourrait en résulter quelques avaries. On sera conduit, dans cette vue, à employer une disposition spéciale fort simple que j'ai imaginée, et qui permet d'absorber l'excès nuisible de puissance. Cette disposition consiste à faire la section d'orifice du robinet par lequel doit passer le fluide moteur pour déplacer le piston, de telle sorteque l'eau, en la traversant, perde la quantité de force vive qui tendrait à produire l'accélération que l'on veut éviter.

Supposons au piston une vitesse de 10 centimètres par seconde, qui, au moment de son arrêt, produit un choc très-faible, comparable à celui qui résulterait de la chute d'environ un demi-millimètre. La vitesse que prendrait le fluide moteur, en sortant librement sous une pression dans le corps de presse fixée à 20 atmosphères, étant égale à

$$\sqrt{2\,g \times 20 \times 10,33} = 63^m,66,$$

le rapport entre la section d'orifice des robinets et la section du piston devrait être de

$$\frac{0^m,10}{63^m,66} = \frac{1}{636}.$$

Avec cette vitesse de 10 centimètres, la course du piston étant de $1^m,50$, l'abaissement complet de tout le barrage se ferait dans $\frac{1,50}{0,10} = 15$ secondes ; mais, comme la pression motrice qui produit l'évacuation de l'eau du corps de presse est variable, on dira avec certitude qu'une fois les robinets ouverts, les ventelles seront manœuvrées *en moins d'une minute*, et que le barrage pourra être relevé ou abaissé dans ce temps, quelle que soit la longueur barrée.

SES AVANTAGES.

De la description générale qui précède et des remarques qui la suivent, on peut conclure que le nouveau barrage remplit les conditions nécessaires pour barrer efficacement les grands cours d'eau. Selon moi, les avantages qu'il présente sont les suivants :

1° On peut ouvrir ou fermer rapidement la section de débit aux grandes masses d'eau des fleuves par la seule manœuvre de robinets, laquelle pourrait facilement se faire automatiquement au moyen d'un flotteur indicateur, qui, suivant le niveau du bief supérieur, déterminerait l'abaissement ou le relèvement des ventelles successives, quand l'eau montant ou baissant dans le bief supérieur cesserait de garder le niveau convenable.

2° Ces manœuvres se feront sans aucun choc, ainsi que nous l'avons démontré, ce qui n'a pas lieu par le système des ventelles ordinaires qui s'abattent sous la pression vigoureuse de la chute quand on déclanche les barres d'appui qui les soutiennent.

3° La facilité de la manœuvre permettra de maintenir exactement le tirant d'eau nécessaire à la navigation en tout temps, ce qu'on ne peut réaliser avec les barrages ordinaires, à cause de la difficulté de manœuvre qui fait souvent hésiter à relever le barrage au moment opportun, dans la crainte où l'on est d'avoir à le baisser quelques jours après s'il arrivait une crue subite (1). Et il est à remarquer que le maintien du niveau constant, très-favorable à la navigation, rendra un service bien plus grand encore à l'industrie, en permettant l'utilisation presque constante de la force de la chute, qui pourra être maintenue en toutes saisons, sauf les moments fort rares de débordement.

4° Le système de ventelles à très-grandes dimensions ne nécessitant aux points de jonction que très-peu d'espaces nuisibles, son emploi diminue considérablement les pertes d'eau, si grandes dans les barrages à aiguilles. On pourra, par conséquent, utiliser presque intégralement le débit de la rivière en le dirigeant sur les récepteurs hydrauliques.

5° Il arrive souvent que dans les crues moyennes les barrages se trouvent submergés, et qu'il passe en déversoir une lame d'eau qui détermine un courant suffisant pour entraîner les bateaux à la dérive jusque sur ce barrage, qui peut ainsi être rompu.

Dans le barrage hydromoteur, l'indépendance de chaque ventelle permettant d'abattre à volonté une portion du barrage pour y faire passer le trop-plein de la rivière, les bateaux qui se trouveraient en dérive seraient naturellement dirigés vers le côté abattu, et franchiraient la chute sans causer aucun accident ; on voit même qu'il y a là un moyen de faire passer dans certains cas les bateaux à la descente par l'endroit débarré sans passer par l'écluse.

Après avoir exposé les avantages que nous croyons particuliers à ce nouveau barrage, il est de notre devoir de signaler les objections qu'il peut suggérer et qui sont les suivantes :

1° Obligation de placer au fond de l'eau un appareil de levage le plus puissant et le plus simple qui existe, il est vrai, mais qui, à certains points de vue, paraît un outil de précision.

---

(1) Ces inconvénients viennent de se présenter au barrage d'Isles-les-Meldeuses, sur la Marne. En octobre dernier, la crainte d'une crue subite ayant fait abattre le barrage, le niveau d'amont a baissé de $0^m,600$, et du même coup la navigation s'est trouvée paralysée ainsi que la belle usine hydraulique établie à ce barrage, laquelle, dans sa marche normale, déverse 50 000 mètres cubes d'eau par jour dans le canal de l'Ourcq pour l'alimentation de la ville de Paris.

2° Nécessité de placer également au fond de l'eau des glissières à frottement doux, sur lesquelles se meuvent les coulisseaux de la traverse devant fonctionner malgré la présence du sable et du limon déposés par les eaux en temps de crues.

3° La série de tubes en jeu d'orgue conduisant l'eau à chaque presse, quoique couchée dans un canal recouvert de plaques en fonte, supportera-t-elle, sans danger de fuites, une pression intérieure de 20 atmosphères ? Comment les réparer en cas d'accidents ?

4° On peut avoir à réparer une presse hydraulique, une ventelle; il faudrait donc pouvoir les enlever l'une et l'autre à un moment donné.

5° La gelée peut être un obstacle au fonctionnement des appareils. Si l'eau venait à geler dans les tubes d'admission, non-seulement la manœuvre serait paralysée, mais la congélation pourrait les faire éclater.

L'inventeur d'une idée nouvelle est rarement embarrassé pour répondre aux objections; aussi est-ce à la pratique de juger en dernier ressort.

Toutefois, je dois dire ici comment ces diverses objections pourraient être levées.

1° Le fonctionnement d'un piston de presse hydraulique au fond de la rivière, dont l'eau pourra quelquefois être chargée de sable et de limon, me paraît être dans les conditions de pistons pareils qui refoulent l'eau de la Durance, laquelle charrie plus qu'aucune autre rivière du limon et du sable; et cependant ces pompes, que j'ai fait exécuter moi-même, élèvent cette eau continuellement, quelle que soit la saison, en faisant une opération pareille à celle du piston de la presse, et cela une fois par seconde, c'est-à-dire 86 400 fois par jour. Le barrage, au contraire, ne manœuvrera qu'une ou deux fois par semaine en moyenne. Cette comparaison si simple donne le droit d'espérer que le fonctionnement du barrage pourra se faire pendant un grand nombre d'années sans nécessité de réparations à la presse hydraulique.

2° Ce que nous venons de dire pour le mouvement de la presse sous l'eau s'applique immédiatement aux glissières et aux coulisseaux qui servent de guides à la traverse en fonte du piston.

3° Pour ce qui est des tubes en fer étiré conduisant l'eau aux presses, il suffira, pour la sûreté de leur fonctionnement, de les essayer à une pression deux ou trois fois plus grande que celle qu'ils doivent supporter.

4° Pour réparer les ventelles et les presses hydrauliques dans le cas d'accidents, j'ai fait construire un petit modèle d'un appareil fort simple qui permettra l'enlèvement d'un système de ventelles, tout en conservant la retenue d'eau. On pourra donc à volonté faire des réparations successives, si cela devenait nécessaire.

5° Si l'on avait quelques craintes de la gelée dans les temps de grands froids, on pourrait sans doute y parer par les moyens ordinaires, c'est-à-dire en couvrant les tuyaux qui ne sont pas sous l'eau. Un moyen plus radical encore consisterait à ajouter un peu d'alcool dans l'eau qui sert à l'alimentation des presses; cette eau se trouverait toujours conservée dans un puisard pratiqué dans le bajoyer du barrage. On voit que ce moyen ne donnerait lieu qu'à une dépense première insignifiante.

II.

ÉTABLISSEMENT DES BARRAGES.

Cette étude est consacrée à la description des nouveaux moyens réalisés pour barrer les fleuves et les rivières. On verra que leur utilisation est une condition indispensable au développement de notre industrie, dont la prospérité intéresse à un si haut point la richesse publique.

Sur la *Pl. I* principalement, j'ai représenté une disposition d'ensemble qui embrasse à la fois le barrage, l'écluse et la force motrice. Comme barrage, j'y ai figuré celui que j'avais appliqué au projet du Nil, projet qui m'avait été demandé par Mazhar-Pacha. Seulement, dans le présent barrage, j'ai augmenté la largeur des travées, que j'ai pu porter jusqu'à 16 mètres au lieu de 5, que mesurent celles du Nil.

Tout en voulant imiter ce qui a été fait pour le Nil, c'est-à-dire créer à la fois un pont et un barrage, j'ai dû prendre une disposition, la plus économique possible, qui permette une navigation facile toutes les fois que le volume débité par le fleuve se trouve suffisant pour baisser une ou plusieurs vannes, disposition qui évite aux bateaux descendants de passer par les écluses.

Il y a vingt ans, lorsque j'inventai la grande vanne circulaire que j'ai appliquée à ma roue hydropneumatique, je ne croyais pas qu'il fût possible de construire une vanne flottante de dimensions pareilles à celles du barrage actuel, et l'inconvénient que présentent des piles très-rapprochées l'une de l'autre m'avait suggéré l'idée d'établir des barrages flottants fixés au fond de la rivière. Mais si par cette disposition je faisais disparaître l'inconvénient d'avoir à construire un grand nombre de piles au milieu de la rivière, je tombais dans celui de ne pouvoir créer de grandes chutes d'eau en temps d'étiage, car ici je n'avais pas seulement à vaincre par l'air comprimé le poids du caisson, il fallait aussi résister à la poussée de la retenue, poussée dont l'effet était annulé d'une manière complète dans ma vanne circulaire. On comprend dès lors que, dans les précédentes publications que j'ai faites sur les barrages, j'aie toujours considéré que la vanne flottante ne pourrait être appliquée utilement que dans les écluses de grande navigation. Aujourd'hui, au contraire, j'ai la conviction que cette application peut se généraliser, et servir à la fois comme barrage et comme porte d'écluse, ainsi qu'on peut le voir *Pl. I*. Comme porte d'écluse, non-seulement elle peut faciliter le prompt remplissage du sas en débitant l'eau sur toute sa largeur, ce qu'on peut faire même sans danger pour les bateaux contenus dans ce sas, en commençant par faire arriver l'eau par-dessous la vanne; mais elle peut aussi faciliter un touage continu par une chaîne sans solution de continuité, c'est ce dont on peut facilement se convaincre à la simple inspection des figures de la *Pl. I*, dont l'explication est donnée plus loin.

Chacun sait que le touage à chaîne est le système de remorquage le plus économique, et je ferai observer qu'on pourra le généraliser le jour où le tirant d'eau de nos grandes rivières permettra d'y faire naviguer des bateaux d'un fort tonnage; car chacun d'eux pourrait être construit de façon

1..

à se remorquer lui-même, ce qui donnerait une plus grande activité au transport fluvial.

On peut voir, dans la *Pl. I*, que mon but a été de résoudre le problème de cette navigation très-active par le procédé de touage, et c'est pour cela que j'ai placé l'écluse au milieu de la rivière pour laisser ses rives libres, afin d'y faire de chaque côté des prises d'eau devant alimenter de puissants moteurs hydrauliques destinés à utiliser la puissance motrice des fleuves. Prenons le Rhône pour exemple : ce cours d'eau peut facilement donner une force motrice, même à l'étiage et à chaque barrage, de 5000 chevaux utiles en moyenne, représentés par 200 mètres cubes d'eau débitée par seconde sous 2^m,50 de chute.

Ces 5000 chevaux de force pourront être conservés en temps de crues moyennes, quand le niveau d'aval s'élève jusqu'à la crête du déversoir. Les Roues-Turbines se trouvant alors plongées sur un plus grand arc, le volume qu'elles pourront absorber croîtra proportionnellement à l'arc immergé, et sous la chute réduite à 1^m,250, ce volume s'élèvera facilement à 400 mètres cubes au maximum; il augmentera encore à mesure que la chute se réduira davantage.

La presque totalité de cette puissance motrice pourrait être utilisée de trois manières différentes :

1° Une partie pourrait servir directement à donner la force à de grandes usines manufacturières établies sur le bord du fleuve près des barrages et desservies par la navigation pour tous les transports de matières premières et ouvrées.

2° Une autre partie pourrait être transportée à une certaine distance, dans une direction perpendiculaire au fleuve, par un câble à triple poulie, disposition qui permet de transmettre économiquement un grand travail mécanique à de grandes distances, sans être obligé de donner au câble une vitesse excessive, comme on l'a fait dans ces derniers temps.

3° La dernière partie pourrait enfin être utilisée dans des distributions de force à domicile : idée qui chaque jour fait de nouveaux progrès dans l'esprit public; idée féconde en grands résultats et puissamment moralisatrice, car elle substituerait pour une foule de métiers le travail de la famille au travail de l'usine. C'est alors que le père de famille verrait les efforts combinés de tous les siens tendre vers le but, facile à atteindre désormais, d'une honnête prospérité acquise par le travail. La force étant mise ainsi au service du travailleur, l'esprit deviendrait chaque jour plus libre, et la pensée créatrice prendrait un nouvel essor.

Cette distribution de force motrice (1) se ferait de la même manière que la distribution de l'eau dans les villes : l'eau refoulée à très-haute pression circulerait dans des tuyaux placés souterrainement dans les rues.

Enfin cette eau, après avoir servi à transporter cette force avec une très-faible perte d'effet utile, serait distribuée dans les maisons pour les besoins domestiques, et dans les rues pour la salubrité des villes.

Ne serait-ce pas là la meilleure et la plus complète utilisation de ces richesses immenses, encore inexploitées de nos jours, qui, se répandant au sein de nos villes, y apporteraient l'aisance et la santé?

Les plus grandes industries manufacturières de France et de l'Europe tirent leurs matières premières de l'Amérique,

pays où la fabrication manufacturière fait de rapides progrès; aussi verra-t-on bientôt ses produits envahir nos marchés.

L'Amérique, avec ses populations actives et intelligentes, tenant en main la matière première d'un grand nombre de nos industries, possédant d'immenses mines de charbon et des fleuves puissants, est une rivale chaque jour plus redoutable.

Le moyen sûr pour lutter avec elle, c'est d'aller chercher nos matières premières dans un pays moins avancé, dans l'Inde, par exemple, que l'isthme de Suez met en communication avec nos ports de mer; c'est aussi celui de tirer le meilleur parti possible de nos moyens d'action.

Il est donc urgent de perfectionner notre navigation, ainsi que nos voies ferrées, en vue du transport le plus économique de nos matières premières lourdes et légères. Barrons nos fleuves et nos rivières, pour obtenir une navigation facile en tous temps, et pour utiliser leur force motrice, soit en transport au moyen de chemins de fer à propulsion hydraulique, soit en produits fabriqués dans nos usines manufacturières ou à domicile.

Il est temps enfin que l'industrie française utilise la force naturelle pour produire à bon marché. Malheureusement les grandes industries n'ont jamais cherché moins qu'aujourd'hui à encourager les idées nouvelles; on ne pense qu'à produire au jour le jour au moyen de moteurs d'une alimentation fort coûteuse. Arrivera que pourra plus tard! On néglige aussi l'outillage nouveau; en un mot, on considère l'inventeur comme un obstacle à la production journalière. Cependant les grands industriels sont assez intelligents pour savoir qu'ils doivent leur fortune aux nouvelles découvertes; mais ils se disent individuellement, lorsqu'on leur propose un essai à faire dans leur usine : « Tirera les marrons du feu qui voudra; je prendrai la découverte lorsqu'elle sera complètement mûre et qu'elle aura reçu un dernier perfectionnement; j'en tirerai alors tous les bénéfices qu'elle pourra donner. »

Pour confirmer le dire contenu dans ces quelques lignes, je citerai un exemple. La ville d'Angers a soumis au concours l'établissement d'une machine élévatoire pour sa distribution d'eau. Les Ingénieurs des Mines et des Ponts et Chaussées, qui faisaient partie de la Commission d'examen, ont donné leur adhésion et leur approbation à un système de pompe du genre de celles qui fonctionnent dans différentes usines hydrauliques nouvelles de la Ville de Paris.

Il semblait donc que les Membres du Conseil municipal qui faisaient partie de cette même Commission devaient s'incliner devant l'avis formulé par les Ingénieurs compétents; mais ces Conseillers municipaux, grands industriels du pays, à qui l'inventeur desdites pompes a dit qu'il venait de perfectionner de nouveau son système, ont pris pour motif de refus : que le système étant encore perfectible, il fallait attendre que d'autres en fissent l'application. Et on a dû donner la préférence à un système de pompes adopté, il est vrai, dans de très-belles élévations d'eau exécutées par le meilleur constructeur de France en ce genre de travail, malgré que les pompes de ce système ne donnent que 90 pour 100 du volume engendré par le piston, tandis que celles du système nouveau refusé à Angers donnent, dans toutes les applications qui en ont été faites à la Ville de Paris, 99 pour 100 du volume engendré par les pistons; et ces pompes possèdent en plus une marche régulière et un fonctionnement parfait.

En présence de ces faits que faudrait-il pour donner aux découvertes la facilité de se produire? Il faudrait que le Gou-

---

(1) Réalisée dans la ville de Gênes, en Italie.

vernement fît les premiers essais dans chaque administration respective. Malheureusement ici encore on trouve des résistances pour les essais, même ordonnés par un Ministre; et, à l'appui de cette allégation, je me permettrai de publier ici deux lettres que j'ai reçues de S. Exc. le Ministre de la Marine, au sujet de l'application d'un appareil qui devait apporter un perfectionnement important dans les machines de la Marine impériale :

Première Lettre.

MINISTÈRE DE LA MARINE ET DES COLONIES.

DIRECTION DU MATÉRIEL.

Bureau des Constructions navales.

Paris, le 14 mai 1863.

Monsieur, vous m'avez proposé récemment de faire expérimenter dans la Marine impériale un système que vous avez imaginé, et qui est destiné à réduire la résistance due aux frottements.

Après avoir consulté le Conseil des Travaux, j'ai reconnu que vos propositions étaient susceptibles d'être accueillies, et j'ai décidé que votre système serait appliqué à titre d'essai sur le remorqueur *l'Elorn*, au port de Brest.

Je donne avis de cette décision à M. le Préfet maritime du 2ᵉ Arrondissement, et je l'invite en même temps à vous demander directement les renseignements complémentaires dont il pourrait avoir besoin pour l'application de votre système.

Il est bien entendu que cet essai, qui a lieu aux frais et risques de la Marine, n'entraînera de votre part aucune demande d'indemnité. En cas de succès de votre système, je verrai à m'entendre avec vous pour son application ultérieure.

Recevez, Monsieur, l'assurance de ma parfaite considération.

Le Ministre, Secrétaire d'État de la Marine et des Colonies,

Signé : DE CHASSELOUP-LAUBAT.

Deuxième Lettre.

MINISTÈRE DE LA MARINE ET DES COLONIES.

DIRECTION DU MATÉRIEL.

Bureau des Constructions navales.

Paris, le 27 août 1863.

Monsieur, par une dépêche en date du 14 mai dernier, je vous ai fait connaître que j'étais disposé à faire expérimenter à bord du remorqueur *l'Elorn*, au port de Brest, le système que vous avez imaginé et qui est destiné à réduire, par l'emploi de l'eau comprimée, la résistance due aux frottements. J'invitais en même temps M. le Préfet maritime du 2ᵉ Arrondissement à me soumettre un projet pour l'application de votre système au coussinet extérieur de l'arbre porte-hélice de *l'Elorn*.

Ce projet vient de m'être transmis, et je regrette d'avoir à vous an-

noncer que les études faites sur place ont démontré l'impossibilité d'appliquer avantageusement vos idées à des bâtiments de mer.

Dans ces circonstances, et conformément à un nouvel avis émis par le Conseil des Travaux, j'ai décidé qu'il ne serait pas donné suite aux expériences projetées, et je me borne à vous remercier d'avoir soumis à mon examen les résultats des recherches consciencieuses auxquelles vous vous êtes livré.

Recevez, Monsieur, l'assurance de ma parfaite considération.

Le Ministre, Secrétaire d'État de la Marine et des Colonies,

Signé : DE CHASSELOUP-LAUBAT.

D'après ces deux lettres, on voit que le progrès des idées nouvelles avait reçu la sanction du Conseil supérieur des Travaux de la Marine, composé d'ingénieurs et d'hommes éminents, et que M. le Ministre, fort de cette haute approbation, avait donné l'ordre à M. le Préfet maritime de Brest de faire l'essai du système sur le bateau *Elorn*. Malheureusement l'Ingénieur chargé de faire cette expérience se contenta de statuer sur le principe nouveau admis par le savant Conseil. J'aurais compris que cet Ingénieur fît des observations sur les moyens mécaniques proposés pour réaliser l'idée, en indiquant des moyens plus rationnels que ceux présentés par l'auteur : alors on n'aurait pas été tenté de croire que, ne trouvant rien à ajouter au projet qu'il était chargé d'exécuter, pour faire ressortir son savoir en matière d'application il a voulu, ce qui était plus glorieux pour lui, faire un Rapport critique sur le principe de l'invention, annulant ainsi la décision même du Conseil des Travaux. Ce résultat a été atteint, puisque six Membres de ce Conseil sur dix ont bien voulu convenir qu'ils s'étaient trompés dans leur première appréciation. Mais hâtons-nous d'ajouter que les quatre autres Membres ont soutenu énergiquement leur première décision, en persistant à demander que l'essai fût fait.

Que deviendrait donc le progrès en France, si l'Empereur n'imposait chaque jour sa ferme volonté pour la mise à exécution des idées nouvelles? Et je saisis avec empressement l'occasion d'exprimer ici ma profonde reconnaissance et de proclamer hautement la libéralité avec laquelle l'Empereur, ouvrant sa cassette particulière, fournit aux inventeurs les moyens de faire paraître au jour leurs créations les plus chères. On reprochera peut-être à sa munificence de trop encourager les inventions d'une application douteuse : mais ne suffit-il pas de la réussite de l'une d'elles pour payer les frais de vingt autres qui ne donneraient pas des résultats immédiats? C'est en cherchant que se font les découvertes utiles, c'est à l'expérience qu'il appartient d'en juger la valeur.

Et ne devrait-on pas désirer plutôt qu'il y ait un budget spécial ouvert en aide aux premières expérimentations des idées nouvelles, puisque le progrès de l'industrie est une question de vie ou de mort pour les grandes nations?

CALCULS SUR LA STATIQUE DES BARRAGES ET SUR LA RÉSISTANCE DE LEURS ORGANES.

— —

Planche I. — Barrage hydropneumatique mobile.

Considérons la vanne circulaire hydropneumatique dans la position où elle est représentée, *Pl. I, fig.* 1, c'est-à-dire le barrage formé à l'étiage avec $2^m,500$ de chute et $2^m,100$ d'eau au-dessus du radier d'aval. Toute la pression d'amont exercée sur la face circulaire de la vanne se reporte au centre, et produit un frottement sur les tourillons, dont la résistance est relativement très-minime.

Il reste donc à tenir compte des pressions d'aval sur les deux autres faces. Par le tracé graphique des prismes de poussées, on détermine le point d'application p de ces deux pressions, qui passent par les centres de gravité des prismes et dont les intensités s'évaluent en multipliant la surface immergée par la distance du centre de gravité de cette surface au niveau. La longueur du caisson étant de 16 mètres, la poussée, représentée par le trapèze *tnvu*, est de

$$1^m,075 \times 16^m,000 \times 1^m,100 \times 1000^{kil} = 18920^{kil};$$

celle représentée par le triangle *rst* est de

$$1^m,100 \times 16^m,000 \times 0^m,350 \times 1000^{kil} = 6160^{kil}.$$

La résultante de ces deux poussées appliquées au point p est, par conséquent, égale à

$$\sqrt{\overline{18920}^2 + \overline{6160}^2} = 19900^{kil}.$$

Cette résultante de 19900 kilogrammes peut être décomposée en deux efforts appliqués au point p, agissant, l'un verticalement, l'autre dans le sens du rayon passant par le point p. L'angle d, que fait ce rayon avec la verticale, est mesuré dans la position où se trouve la vanne, par $27°30'$. L'angle c, que fait la composante 19900 kilogrammes avec ce rayon, est égal à deux droits moins l'angle d, moins l'angle $a + e$. L'angle a dans la position où se trouve la vanne, est de 50 degrés; quant à l'angle e, il est donné par l'expression

$$\sin e = \frac{6160}{19900} = 0,3095,$$

d'où

$$\text{angle } e = 18°;$$

donc

$$\text{angle } c = 180° - 27°30' - 50° - 18° = 84°30'.$$

Ceci posé, et sachant que *les sinus des angles sont entre eux comme leurs côtés opposés*, on tire la valeur de la composante verticale, qui est égale à

$$\frac{19900^{kil} \times \sin 84°30'}{\sin 27°30'} = 42900^{kil};$$

celle agissant dans le sens du rayon est, de même, égale à

$$\frac{19900^{kil} \times \sin (180° - 84°30' - 27°30')}{\sin 27°30'} = 39960^{kil};$$

elle se traduit par un tirage sur l'axe ou les tourillons de la vanne, pour s'y composer tout à l'heure avec la pression d'amont sur la face circulaire.

Ainsi la vanne hydropneumatique, dans la position où nous l'avons prise, est soumise à une poussée verticale de bas en haut, que nous venons de trouver égale à 42900 kilogrammes, et qui, appliquée au point p, agit à l'extrémité d'un rayon de $2^m,520$. De plus, elle est soumise à l'action de son propre poids, qui est de 30000 kilogrammes environ, agissant de haut en bas à son centre de gravité, au point O, à l'extrémité d'un rayon de $3^m,600$. Pour que le système soit en équilibre, il faut que le moment de la puissance soit égal au moment de la résistance, autrement dit, il faut que l'on ait

$$42900^{kil} \times 2^m,520 = 30000^{kil} \times 3^m,600;$$

c'est ce qui a lieu à très-peu près. Cet équilibre ne s'établit pas sans donner naissance à une réaction verticale sur l'axe de la vanne, qui est évidemment égale à $42900^{kil} - 30000^{kil} = 12900^{kil}$. Cette réaction se composera tout à l'heure avec d'autres efforts exercés également sur l'axe de la vanne circulaire.

La pression d'amont sur la face circulaire de la vanne hydropneumatique est représentée par le prisme de poussée, figuré par l, m, n; la résultante passe au centre de gravité g de ce prisme, et se dirige à l'axe de la vanne; son intensité s'évalue en multipliant la surface circulaire par la distance $g'h$ du centre de gravité de cette surface au niveau d'amont. Or cette distance $g'h$ est évidemment égale à $g'k - 1^m,400$. La distance $g'k$ s'obtient par le calcul (détermination du centre de gravité d'un arc) en multipliant le rayon de l'arc par sa projection $n'l'$ sur le diamètre, et divisant ce produit par la longueur nl de l'arc. La projection $n'l'$ est égale, par construction, à $3^m,200$, et la longueur de l'arc à $5^m,300$; le rayon est de $6^m,000$, d'où

$$g'h = \frac{3^m,200 \times 6^m,000}{5^m,300} - 1^m,400 = 2^m,230;$$

donc la pression sur la face circulaire de la vanne est égale à

$$5^m,300 \times 2^m,230 \times 16^m,000 \times 1000^{kil} = 189100^{kil}.$$

Dans ce calcul, on néglige de faire entrer la petite perte de pression qui existe sur la partie inférieure de la face circulaire, déjà rentrée dans le coursier d'aval, perte qui est due à la vitesse que prend l'eau en passant par le jeu nécessaire entre la face circulaire et son coursier.

La résultante de 189100 kilogrammes, reportée au centre de la vanne, s'y compose avec l'effort de tirage suivant le rayon passant par le point p, effort que nous avons trouvé précédemment égal à 39960 kilogrammes. Ces deux composantes, 189100 et 39960 kilogrammes, forment entre elles un angle qui, déterminé par la construction graphique, est de $13°30'$; leur résultante est donc égale à

$$\sqrt{(189100 - 39960 \cos 13°30')^2 + (39960 \sin 13°30')^2} = 150500^{kil}.$$

Cette résultante de 150500 kilogrammes se compose avec l'effort vertical de bas en haut appliqué au centre de la vanne, et qui est égal, ainsi que nous l'avons trouvé précédemment, à 12900 kilogrammes, pour former la résultante définitive de toutes les poussées sur le centre de la vanne. L'angle que fait la résultante 150500 kilogrammes avec la force verticale 12900 kilogrammes étant égal par construction à 42 degrés, on obtient, pour valeur de la résultante définitive,

$$\sqrt{(150500 + 12900 \cos 42^\circ)^2 + (12900 \sin 42^\circ)^2} = 160000^{kil}.$$

Le diamètre des tourillons qui supportent cette poussée peut se déterminer par la formule

$$D = K \sqrt[3]{P} = 0,70 \sqrt[3]{\frac{160000}{2}} = 0^m,300$$

en nombre rond; la longueur étant $0^m,500$, on trouve pour pression, par millimètre carré, sur ces tourillons,

$$\frac{160000^{kil}}{2 \times 300^{mm} \times 500^{mm}} = 0^{kil},533.$$

En admettant ici un coefficient de frottement de $0,1$, attendu que les surfaces seront graissées, on trouve que pour faire mouvoir la vanne, il faudra obtenir au point p (à l'extrémité d'un rayon de $2^m,500$), une poussée verticale supplémentaire égale à

$$\frac{160000^{kil} \times 0,1 \times 0^m,150}{2^m,500} = 960^{kil}.$$

Les six bras de la vanne circulaire qui transmettent la poussée de 160000 kilogrammes présentent chacun une section transversale de $0^{mq},0250$; le travail de la fonte à la compression est donc par millimètre carré de

$$\frac{160000^{kil}}{2 \times 25000} = 1^{kil},066.$$

Pour se rendre compte du travail des tôles dans les poutres croisillonnées de l'intérieur du caisson, considérons-en une de la partie inférieure, où sont les plus fortes charges : celle, par exemple, qui est cotée à $1^m,250$ de hauteur (*Pl. I, fig. 2*). Elle doit résister à une pression maximum d'environ 32000 kilogrammes, uniformément répartie sur toute sa longueur; ce qui fait, par mètre, une charge de

$$\frac{32000^{kil}}{16^m} = 2000^{kil}.$$

On peut employer la formule générale des poutres posées sur deux appuis et chargées uniformément :

$$\frac{pL^2}{8} = \frac{R(bh^3 - b'h'^3 - b''h''^3 - b'''h'''^3)}{6h}.$$

Remplaçant les lettres par leurs valeurs numériques indiquées sur la *fig. 2, Pl. I*, on a

$$\frac{2000 \times 16^2}{8} = \frac{R(0,200.1,25^3 - 0,070.1,20^3 - 0,100.1,180^3 - 0,02.1,08^3)}{6.1,250};$$

d'où on tire la valeur de R :

$$R = \frac{2000.\overline{16}^2.6.1^m,250}{8(0,200.\overline{1,250}^3 - 0,070.\overline{1,200}^3 - 0,100.\overline{1,180}^3 - 0,02.\overline{1,08}^3)}$$
$$= 5953000;$$

soit $5^{kil},953$ par millimètre carré.

Il faut considérer, devant ce chiffre, que l'on n'a pas tenu compte, dans le calcul de la résistance, de la tôle-enveloppe qui s'ajoute à la résistance de la poutre.

———

PLANCHE II. — BARRAGE HYDROMOTEUR.

Supposons la ventelle levée dans sa position supérieure, comme le représente la *fig. 1, Pl. II*. Le niveau d'aval arrivant à l'axe de cette ventelle, et le niveau d'amont à sa crête, on doit avoir une chute de $3^m,000$, la longueur de la ventelle étant fixée à $3^m,500$. Dans ces conditions, l'angle a qu'elle forme avec l'horizontale passant par son axe, est donné par

$$\sin a = \frac{3^m,000}{3^m,500} = 0,8571;$$

d'où

$$\text{angle } a = 59^\circ.$$

La pression exercée sur la ventelle est représentée par le prisme de poussée figuré par le triangle cmn; la résultante passe au centre de gravité g de ce prisme, et son point d'application p sur la ventelle se trouve au tiers de la hauteur à partir de l'axe, c'est-à-dire qu'il divise la distance oc (demi-longueur de la ventelle) en deux parties, qui sont entre elles comme 1 est à 2.

L'intensité de cette pression se mesure en multipliant la surface immergée de la ventelle par la distance du centre de gravité de cette surface au niveau d'amont. Elle est donc égale à

$$4^m,000 \text{ (largeur de la ventelle)} \times 3^m,50 \times 1^m,50 = 21000^{kil}.$$

Cette pression de 21000 kilogrammes se décompose en deux autres qui lui sont parallèles, agissant, l'une au point c, l'autre au point o, et qui sont nécessairement entre elles comme 1 est à 2. Celle agissant au point c (centre de la ventelle) est exprimée par

$$\frac{21000^{kil}}{3} = 7000^{kil};$$

l'autre, agissant au point o (centre d'articulation avec la bielle), est égale à

$$\frac{21000^{kil} \times 2}{3} = 14000^{kil}.$$

Cette dernière pression se décompose en deux autres : l'une agissant suivant l'axe de la bielle, l'autre dans la direction de la ventelle, et tendant à soulever celle-ci; l'angle b, que forme la ventelle avec la bielle, ayant été pris par construction égal à 68 degrés, on trouve, pour valeur de la composante agissant sur la bielle,

$$\frac{14000^{kil}}{\sin b} = \frac{14000^{kil}}{\sin 68^{\circ}} = 15100^{kil},$$

et pour valeur de celle agissant sur la ventelle,

$$\frac{14000^{kil} \times \cos b}{\sin b} = \frac{14000^{kil} \times \cos 68^{\circ}}{\sin 68^{\circ}} = 5400^{kil};$$

cette dernière se reporte à l'axe de la ventelle. La première agit sur la tête de piston et s'y décompose en deux efforts, agissant, l'un suivant l'axe du piston, et l'autre perpendiculairement à cet axe. L'angle a que forme la bielle avec le piston ayant été pris, par construction, égal à 44 degrés, la valeur de la pression suivant l'axe du piston est représentée par

$$15100^{kil} \times \cos d = 15100^{kil} \times \cos 44^{\circ} = 10675^{kil},$$

et la valeur de la pression exercée sur la glissière est égale à

$$15440^{kil} \times \sin 44^{\circ} = 10485^{kil};$$

cette dernière se traduit par un frottement sur les glissières qu'il faudra vaincre lorsqu'on fera mouvoir la ventelle; en admettant alors un coefficient de frottement égal à 0,2, on trouve qu'il faudra exercer sur le piston un effort de

$$10675^{kil} + 10485^{kil} \times 0,2 = 12772^{kil},$$

et comme son diamètre est de 0^m,300, il faudra établir dans le corps de presse hydraulique une pression de

$$\frac{12772^{kil} \times 4}{10333 \times \pi \times 0^{m},300} = 17^{atm},5$$

effectives environ.

Quant aux deux pressions exercées sur l'axe de la ventelle, dont nous avons trouvé précédemment les valeurs : celle normale égale à 7000 kilogrammes, celle dirigée dans le plan de la ventelle, égale à 5400 kilogrammes, elles se composent pour former une résultante égale à

$$\sqrt{7000^{kil\,2} + 5400^{kil\,2}} = 8840^{kil}.$$

L'angle e que forme cette résultante avec la ventelle est donné par l'expression

$$\sin e = \frac{7000^{kil}}{8840^{kil}} = 0,7918;$$

d'où

$$\text{angle } e = 52^{\circ}21'.$$

La résultante 8840 kilogrammes qui se produit sur l'axe de la ventelle se traduit par un frottement dans la gorge en fonte, dont l'effet est négligeable.

Les conditions dans lesquelles nous venons de nous placer ne sont pas celles qui correspondent au maximum de pression sur la ventelle; ce maximum existe lorsque le niveau d'aval arrive à peu près à la crête de la ventelle, et qu'il passe sur cette crête une lame d'eau d'environ 1^m,250 d'épaisseur, cas signalé dans les considérations générales.

Dans ces conditions, on voit de suite que la résultante normale des pressions d'amont et d'aval sur la ventelle passe au milieu de celle-ci, c'est-à-dire en son point d'articulation avec la bielle, et qu'elle est exprimée en intensité par une charge d'eau de 1^m,250 sur toute sa surface, soit

$$3^{m},500 \times 4^{m},000 \times 1^{m},250 = 17500^{kil};$$

dans les conditions précédentes, la pression en ce même point n'était que de 14000 kilogrammes.

La ventelle n'ayant pas changé d'inclinaison, c'est-à-dire tous les angles étant restés les mêmes, les poussées sur la bielle et la tête de piston vont croître également dans le rapport de 17500 à 14000; et on aura alors, dans les conditions nouvelles (1^m,250 de lame d'eau sur la crête de la ventelle) :

Poussée sur la bielle,

$$15100^{kil} \times \frac{17500}{14000} = 18875^{kil};$$

Poussée sur la tête de piston au moment de la manœuvre,

$$12772^{kil} \times \frac{17500}{14000} = 15965^{kil};$$

Pression à établir dans le corps de presse,

$$17^{atm},5 \times \frac{17500}{14000} = 22 \text{ atmosphères effectives.}$$

Quant à la pression sur l'axe de la ventelle, il n'en existe qu'une, qui agit dans le sens de cette ventelle et tend à la soulever; elle est égale à

$$5400^{kil} \times \frac{17500}{14000} = 6750^{kil}.$$

On doit faire remarquer qu'une partie de cet effort est combattue par le poids même de la ventelle et de ses ferrures; l'autre partie se transforme en un frottement sur les colliers placés à chaque extrémité de l'axe.

Proposons-nous, dans ces dernières conditions, d'évaluer le travail de la matière dans les divers organes qui résistent aux efforts que nous venons de déterminer.

Le piston de presse hydraulique, qui supporte une pression de 15965 kilogrammes, a une section représentée par la *fig.* 4, *Pl. II*, qui est de

$$\frac{\pi (D^{2} - d^{2})}{4} = \pi \left(\frac{0^{m},300^{2} - 0^{m},250^{2}}{4} \right) = 0^{mq},021600,$$

ce qui fait, par millimètre carré, une pression de

$$\frac{15965^{kil}}{21600^{mm}} = 0^{kil},74.$$

La poussée sur les bielles a été évaluée à 18875 kilogrammes : elles sont trois pour la supporter, et leur diamètre étant de 0^m,090 au milieu, elles supportent en ce point une charge par millimètre carré de

$$\frac{1887 5^{kil} \times 4}{\pi \times 90^{-2} \times 3} = 0^{kil},99447.$$

La traverse-tête de piston peut être considérée comme un solide encastré en son milieu, étant chargé à chacune de ses extrémités d'un poids égal au tiers de la poussée sur le piston, soit $\frac{15965^{kil}}{3} = 5320^{kil}$.

Cette traverse présentant une forme d'égale résistance, on peut se proposer de chercher à combien travaille la fonte en un point quelconque de sa longueur, soit, par exemple, à 1 mètre de distance du point d'application de l'effort. La section à cet endroit est à très-peu près celle représentée *fig.* 2, *Pl. II*, et on peut employer, avec une approximation suffisante, la formule

$$PL = \frac{R\,(bh^3 - b'h'^3 - b''h''^3 - b'''h'''^3)}{6h},$$

On a donc

$$= \frac{5320^{kil} \times 1^m,00}{R\,(0,260.0,360^3 - 0,130.0,240^3 - 0,06.0,220^3 - 0,02.0,160^3)}{6 \times 0^m,360};$$

on tire de là la valeur de R :

$$R = \frac{5320^{kil} \times 1,00 \times 6 \times 0^m,360}{\left(0,260.0,360^3 - 0,130.0,240^3 - 0,06.0,220^3 - 0,02.0,160^3\right)}$$
$$= 1195000,$$

soit $1^{kil},195$ par millimètre carré.

Les grands fers à double T des ventelles peuvent être considérés comme encastrés à l'extrémité des plaques en fer qui consolident leur milieu, et chargés uniformément, depuis l'encastrement jusqu'à l'extrémité, par une colonne d'eau de $1^m,25$ agissant sur la ventelle. Dans ces conditions, la charge sur chaque fer à double T, appliquée au milieu de la distance du point d'encastrement à l'extrémité, soit $0^m,720$, est représentée par

$$\frac{1^m,440 \times 4^m,000 \times 1^m,25}{3} \times 1000^{kil} = 2400^{kil}.$$

La section du fer étant celle représentée *fig.* 3, *Pl. II*, la formule

$$PL = \frac{R\,(bh^3 - b'h'^3)}{6h}$$

donne pour valeur de R,

$$R = \frac{2400^{kil} \times 0^m,720 \times 6 \times 0^m,160}{\left(0^m,160 \times 0^m,160 - 0^m,120 \times 0^m,08^3\right)} = 2879000,$$

soit $2^{kil},879$ par millimètre carré.

————

PLANCHE III. — APPLICATION DU BARRAGE HYDROMOTEUR A DES HAUSSES-MOBILES.

Supposons une hausse levée dans la position où elle est représentée *Pl. III*, *fig.* 1, sa longueur depuis son axe jusqu'à son extrémité est de $0^m,580$; la distance verticale de son sommet à l'horizontale passant par son axe est de $0^m,500$. L'angle a, que fait le plan de la ventelle avec cette horizontale, est donc donné par l'expression

$$\sin a = \frac{0^m,500}{0^m,580} = 0,862,$$

d'où

$$\text{angle}\, a = 59^o 30'.$$

Il passe sur la crête de la ventelle une lame d'eau de $0^m,100$ mesurée à l'endroit où la dénivellation ne se fait pas encore sentir. Quant au niveau d'aval, il est bien au-dessous de l'axe de la ventelle. La pression sur celle-ci est donc représentée par le prisme de poussée *lmnc* figuré ici par un trapèze. La résultante de cette pression passe au centre de gravité g de ce trapèze, son point d'application est en p, son intensité s'obtient en multipliant la surface de la ventelle par la distance du centre de gravité de cette surface au niveau supérieur; elle est donc égale (sachant que la largeur de la ventelle est de $4^m,000$) à

$$0^m,580 \times 4^m,000 \times (0^m,250 + 0^m,100) \times 1000^{kil} = 812^{kil}.$$

Cette pression se décompose en deux autres qui lui sont parallèles : l'une appliquée au point o, l'autre au point c; et comme la détermination, par le calcul, de la position du centre de gravité g donne, pour valeur de op,

$$op = \frac{0^m,580 \times 0^m,250}{6 \times 0^m,350} = 0^m,069,$$

et, par conséquent, pour valeur de pc,

$$pc = 0^m,290 - 0^m,069 = 0^m,221,$$

on a, pour valeur de la composante appliquée au point o,

$$\frac{812^{kil}}{0,290} \times 0,221 = 618^{kil},8,$$

et pour valeur de celle agissant au point c,

$$\frac{812^{kil}}{0,290} \times 0,069 = 193^{kil},2.$$

Les poussées sur la bielle, sur le piston, la pression à établir dans le corps de presse se calculent maintenant en fonction des angles b et d, et en suivant exactement la même marche que pour le barrage hydro-moteur (*Pl. II*). On trouve ainsi que

$$\text{la pression sur la bielle} = \frac{618^{kil},8}{\sin b} = \frac{618^{kil},8}{\sin 76^o} = 638^{kil};$$

la poussée sur le piston

$$= 638^{kil} \times \cos d = 638^{kil} \times \cos 34^\circ = 522^{kil},5 ;$$

la pression exercée sur les glissières

$$= 638^{kil} \times \sin 34^\circ = 356^{kil},6.$$

Le frottement des glissières sous cette pression de $356^{kil},6$ égale $356^{kil},6 \times 0,2 = 71^{kil},30$; donc l'effort total à exercer sur le piston au moment de la manœuvre est de

$$522^{kil},5 + 71^{kil},30 = 593^{kil}8.$$

Le diamètre de ce piston étant de $0^m,100$, la pression dans le corps de presse est égale à

$$\frac{593^{kil},8 \times 4}{10333 \times \pi \times 0^m,100} = 6^{atm},80 \text{ effectives.}$$

Les deux réactions exercées au point c sur l'axe de la ventelle, dont l'une, celle dirigée dans le sens de cette ventelle, est égale à $\dfrac{618^{kil},8 \times \cos b}{\sin b} = \dfrac{618^{kil},8 \times \cos 76^\circ}{\sin 76^\circ} = 143^{kil}$, et l'autre, celle normale au plan de cette ventelle, a été trouvée précédemment égale à $193^{kil},2$, donnent naissance à une résultante exprimée par

$$\sqrt{143^{kil^2} + 193^{kil},2^2} = 240^{kil}.$$

L'angle e, que fait cette résultante avec la ventelle, est donné par

$$\sin e = \frac{193,2}{240} = 0,805,$$

d'où

$$\text{angle } e = 53^\circ 40'.$$

Le travail de la matière dans les diverses pièces qui supportent les poussées déterminées ci-dessus se calcule comme pour le barrage hydromoteur. Ainsi, pour la traverse-tête de piston, qui a aussi une forme d'égale résistance, et dont la section à $1^m,000$ du point d'application de la charge est à peu près celle de la *fig.* 2, *Pl. III*, on trouve pour valeur de R, en employant la formule

$$PL = \frac{R(bh^3 - b'h'^3)}{6h},$$

dans laquelle P est égale à $\dfrac{593^{kil},8}{3}$:

$$R = \frac{593^{kil},8 \times 1^m,000 \times 6 \times 0^m,150}{3 \left(0^m,140 \times 0^m,150^3 - 0^m,118 \times 0^m,110^3\right)} = 564000,$$

soit $0^{kil},564$ par millimètre carré.

Les montants verticaux des hausses peuvent être considérés comme encastrés à leur point d'articulation avec les bielles. La charge qu'ils supportent depuis ce point jusqu'à leur extrémité supérieure est représentée par le prisme de poussée que figure le trapèze *olmk* ; la résultante de cette charge passe par le centre de gravité de ce trapèze ; son intensité et son point d'application sur la ligne *ol* se déterminent comme on l'a fait précédemment pour la totalité de la ventelle. Ainsi la charge sur chaque montant est égale à

$$0^m,290 \times \frac{4^m,000}{3} \times (0^m,125 + 0^m,100) \times 1000^{kil} = 87^{kil} ;$$

le bras de levier de cette charge est égal à

$$0^m,145 - \frac{0^m,290 \times 0^m,125}{6 \times 0^m,225} = 0^m,118.$$

La section au point d'encastrement étant celle représentée *fig.* 3, *Pl. III*, on obtiendra pour valeur de R, en employant la formule

$$PL = \frac{R b (h^3 - h'^3)}{6h},$$

$$R = \frac{87^{kil} \times 0^m,118 \times 6 \times 0^m,06}{0^m,06 \times \left(0^m,06^3 - 0^m,02^3\right)} = 300000,$$

soit $0^{kil},3$ par millimètre carré.

DESCRIPTION DES PLANCHES.

PLANCHE I.

BARRAGE HYDROPNEUMATIQUE MOBILE.

Fig. 1. — Cette figure représente l'élévation longitudinale d'un pont établi sur un grand cours d'eau, de manière à former par lui-même un barrage complet. A cet effet, sous chacune des arches, se trouve une vanne circulaire hydropneumatique, dont la manœuvre se fait sur le quai, par un jeu de robinets qui envoient de l'air comprimé dans les caissons de ces vannes.

Aux extrémités du pont, et un peu en aval, se trouvent de grandes usines hydrauliques établies sur le chemin de hallage et disposées de manière à pouvoir utiliser tout le volume de la rivière sous la chute créée par le barrage. Les machines qui constituent ces usines sont de grandes roues-turbines de 200 à 300 chevaux de force, actionnant directement des pompes élévatoires, qui refoulent l'eau sous haute pression dans des conduites de distribution de force motrice à domicile.

Fig. 2. — Cette figure montre en plan le pont et la disposition des usines avec leurs canaux de prise; ceux-ci ont leur origine à chaque extrémité du pont et un peu en amont; ils passent sous le chemin de hallage, et se coudent ensuite à angle droit pour traverser sous le prolongement du pont et arriver devant les usines. Celles-ci sont pourvues de canaux transversaux (figurés en coupe, *fig.* 1) communiquant avec le canal de prise général et conduisant aux roues, dont les coursiers sont en communication directe avec le niveau d'aval dans la rivière. Le chemin de hallage traverse le canal de prise, sur un petit pont, en amont duquel est établi le grillage général; il passe ensuite sous le grand pont de la rivière et arrive devant l'usine qui a ses entrées sur ce chemin de hallage. On remarquera que l'arche-milieu du pont se prolonge en amont par une écluse dont les extrémités sont aussi formées par une vanne circulaire hydropneumatique, faisant fonction de porte. De cette façon le service de la navigation est assuré, sans nuire au fonctionnement régulier des usines.

Fig. 3. — On voit dans cette figure une coupe longitudinale de l'écluse ci-dessus mentionnée. La manœuvre des portes est en train de se faire de manière à laisser passer un bateau du niveau d'aval au niveau d'amont; à cet effet, la porte d'aval qui se trouve sous l'arche du pont a été levée après l'entrée du bateau dans le sas, et on laisse ensuite sombrer tout doucement celle d'amont pour remplir ledit sas; nous verrons plus loin comment s'opère la manœuvre de ces portes. Une particularité que présente l'écluse ainsi disposée, c'est de permettre le libre passage des bateaux à chaîne, sans nécessiter une solution de continuité de celle-ci; à cet effet la chaîne passe sur un galet disposé au sommet de la porte; et lorsqu'on abat celle-ci pour le passage d'un bateau elle vient aussi se poser au fond du sas pour se relever de nouveau avec la porte lorsque le bateau aura passé.

Fig. 4 et 5. — Ces figures représentent deux coupes transversales du pont, l'une avec le barrage abattu, l'autre avec le barrage levé.

Dans le tablier du pont, on peut remarquer un petit caniveau dans lequel sont placés deux tuyaux d'amenée d'air comprimé aux caissons des vannes circulaires; un de ces tuyaux sert à l'alimentation de toutes les vannes qui forment le barrage proprement dit; l'autre est réservé exclusivement à la manœuvre des portes d'écluse. On peut remarquer qu'avec ces tuyaux longitudinaux viennent se brancher d'autres tuyaux plus petits qui descendent au sommet des caissons et sont munis d'un coude en caoutchouc, afin de permettre le mouvement d'oscillation des vannes.

Fig. 6. — Cette figure est une coupe transversale montrant en détail la construction d'une vanne circulaire hydropneumatique. Elle est formée d'un caisson en tôle de 16 mètres de longueur (largeur d'une travée du pont), qui est solidement armé dans son intérieur avec des poutres croisillonnées en tôle, qui ont pour but de soutenir la pression de l'eau sur la face circulaire de la vanne, et de la transmettre tout entière sur le centre ou point d'articulation de celle-ci, par l'intermédiaire de bras en fonte disposés suivant des rayons.

Le tuyau d'amenée d'air comprimé débouche au sommet du caisson; à la partie inférieure de celui-ci on remarque une large ouverture qui sert de décharge à l'eau chassée par la pression de l'air comprimé. Voici comment s'opère la manœuvre de la vanne circulaire. Supposons que celle-ci soit couchée au fond du radier d'aval, de manière à laisser libre le chenal de la rivière, et que l'on veuille lever le barrage : à l'aide du jeu de robinet dont nous avons parlé *fig.* 1, qui est en communication avec un réservoir accumulateur alimenté lui-même par une pompe à air mise en mouvement par la chute, on enverra de l'air dans les caissons; la pression de cet air est suffisante pour chasser l'eau et la faire sortir par l'orifice de décharge placé à la partie inférieure. A mesure que le caisson s'emplit d'air, il passe à l'état de flotteur et s'élève de plus en plus, étant poussé par la pression d'aval, et le barrage se forme. Quant à la pression d'amont, comine elle s'exerce sur une paroi circulaire qui a l'axe de la porte pour centre, elle est entièrement détruite sur les tourillons et ne s'oppose nullement, par conséquent, à la libre ascension de cette porte. Quand au contraire on veut faire disparaître le barrage, il suffit de laisser échapper l'air contenu dans le caisson, qui alors s'emplit d'eau et descend naturellement par son propre poids jusque sur le radier d'aval, dans la partie circulaire creusée pour le recevoir.

Fig. 7. — Cette figure est une coupe longitudinale de la vanne circulaire hydropneumatique; on y voit la forme des poutres intérieures croisillonnées dont les extrémités viennent se relier avec des plateaux circulaires munis d'appendices, sur lesquels sont clavetés les bras. Ces bras, placés aussi près que possible des bajoyers, se relient à leur autre extrémité avec un secteur en fonte articulé sur l'axe de la porte. Cet axe traverse toute la pile du pont et sert ainsi à deux vannes différentes; ses extrémités sont emmanchées dans un fort tourteau en fonte boulonné sur le bajoyer, et muni de tirants en fer méplat qui rayonnent sur la pile, afin de faire participer tout le massif à la réaction qu'il doit opposer à la poussée de l'eau sur la vanne.

Fig. 8. — On voit dans cette figure un plan de ce tourteau et des tirants mentionnés ci-dessus qui s'assemblent avec lui par des queues d'arronde.

Fig. 9. — Les figures placées sous ce numéro montrent en plan et coupe un bouclier entaillé dans la maçonnerie des piles, et sur lequel vient s'accrocher l'extrémité d'un tirant assemblé également à queue d'aronde.

Fig. 10. — Cette figure est une section transversale des bras en fonte de la vanne circulaire; ces bras sont creux et de forme ovale afin de se dissimuler autant que possible contre les bajoyers.

———————

PLANCHE II.

BARRAGE HYDROMOTEUR.

———————

Fig. 1. — La figure montre une coupe transversale du barrage levé; on voit, sur la crête du radier, la gorge longitudinale dans laquelle repose l'axe de la ventelle, les fers à double T assemblés avec cet arbre, les bielles articulées d'une part avec ces fers et d'autre part avec la tête de piston; on remarque aussi les glissières fixées sur le versant du radier. Le piston est ajusté dans un cylindre en fonte à la manière d'un piston de presse hydraulique. Un simple cuir de Bramah forme la garniture qui devra résister à une pression de 20 atmosphères environ. Le cylindre de la presse hydraulique est fixé aussi sur le versant du radier, boulonné d'une part avec la glissière-milieu, et d'autre part sur la maçonnerie.

Fig. 2. — La figure montre le barrage abattu, le piston est rentré complétement dans le corps de sa presse, et la bielle vient se mettre dans le prolongement de l'axe du piston. Un madrier, boulonné transversalement sur les fers à double T de la ventelle, empêche celle-ci de descendre plus bas que la position horizontale. De cette façon l'angle formé par le plan de la ventelle et la direction des bielles est suffisant pour produire, sous l'action du piston, une composante verticale nécessaire pour soulever le poids de cette ventelle qui, à ce moment du reste, ne supporte aucune charge.

Fig. 3. — La figure montre en plan le barrage abattu et une coupe transversale de la ventelle. On y voit la disposition des fers à double T entretoisés par des croix de Saint-André en fer méplat, ainsi que la po-

sition des glissières, de la tête de piston et de la presse hydraulique. On remarquera que la partie inférieure du corps de presse est reliée avec deux tirants horizontaux obliques, qui mettent en jeu de traction tout le massif de fondation. A cet effet, ces tirants pénètrent dans le massif et viennent s'y claveter par des puits pratiqués sur la crête du radier.

Fig. 4. — La figure montre un détail des glissières; la partie qui fait coulisse est fortement en saillie sur le niveau général. Cette disposition est prise afin d'éviter l'encombrement par le sable et le limon. On voit sur la grande glissière les pattes d'assemblage avec le cylindre de presse.

Fig. 5. — Cette figure représente un détail des bielles à fourche articulées d'une part avec les grands fers à double T de la ventelle, et d'autre part avec la traverse formant tête de piston. Cette bielle est entièrement en fer forgé, avec douilles en bronze aux articulations.

Fig. 6. — La figure montre la coupe verticale du puits de clavetage des tirants cités plus haut; ce puits sert aussi à claveter les boulons de fondation des paliers extrêmes supportant l'axe de la ventelle.

Fig. 7. — La figure est un plan de ce puits de clavetage.

Fig. 8. — La figure montre une coupe longitudinale d'une portion de la gorge d'assise dans laquelle tourne l'axe des ventelles.

Fig. 9. — Ces figures sont des coupes des plaques de fer qui renforcent les fers à double T, à l'endroit de leur articulation avec les bielles.

Fig. 10. — La figure est une coupe transversale du cylindre de presse, montrant les pattes d'avant qui se boulonnent sur la glissière-milieu.

Fig. 12. — La figure est également une coupe transversale du même cylindre de presse, montrant les pattes d'arrière, ainsi que les douilles où se fixent les tirants dont il a été question plus haut.

Fig. 13. — La figure montre en plan les colliers dans lesquels sont emmanchées les extrémités des axes de ventelles. Ces colliers ont pour but d'empêcher tout soulèvement des ventelles.

Fig. 14. — La figure représente en demi-grandeur une coupe transversale de l'axe de la ventelle; cet axe porte des oreilles venues de fonte avec lui, et sur lesquelles viennent se river les fers à double T.

Fig. 15. — La figure montre en plan et coupe longitudinale la traverse-tête de piston. Cette pièce est en forme d'égale résistance; sa section est à double T; elle porte, venues de fonte avec elle, trois douilles où s'articulent les bielles, et sous ces douilles trois patins coulissant sur les glissières.

———————

PLANCHE III.

APPLICATION DU BARRAGE HYDROMOTEUR A DES HAUSSES MOBILES.

———————

Fig. 1. — La figure montre une coupe en élévation d'une ventelle, de sa bielle et de sa presse hydraulique, chaque ventelle a 4 mètres de longueur; elle est formée d'une feuille de tôle rivée sur un axe longitudinal en fer rond et soutenue par trois montants rivés, aussi en bout, avec cet axe et entretoisés par des cornières. C'est sur ces montants que viennent s'articuler les bielles.

La gorge en fonte sur laquelle tourne l'axe des ventelles est exactement de même forme que celle décrite dans le barrage hydromoteur (*Pl. II*). Il en est de même de la presse hydraulique et des glissières.

Fig. 2. — La figure montre le plan d'une ventelle : on voit la disposition des montants placés dans l'axe des bielles ; les cornières qui entretoisent ces montants sont entaillées de moitié et rivées avec eux.

La tête de piston de presse hydraulique est, comme dans le barrage hydromoteur, formée d'une traverse en fonte en forme d'égale résistance, elle est munie également de trois patins coulissant sur les glissières et, au-dessus de ces patins, de trois douilles sur lesquelles sont attachées les fourchettes des bielles.

Fig. 3. — La figure représente une coupe transversale d'un barrage fixe sur lequel sont établies les hausses mobiles. On voit qu'à l'aide de celles-ci on peut exhausser le niveau d'amont d'environ o^m,55o.

Les tuyaux d'alimentation des presses sont placés dans un caniveau pratiqué sur la crête du barrage fixe. Le fonctionnement et la manœuvre des hausses mobiles se font exactement comme ceux du barrage hydromoteur.

Fig. 4. — La figure montre une vue de face du corps de presse ; on voit qu'il est fixé par des pattes sur une plaque de fondation entaillée dans le radier et formant elle-même la glissière-milieu.

Fig. 5. — La figure montre la coupe transversale d'un patin et de sa glissière ; celui-là est garni d'une plaque de bronze pour adoucir le frottement.

Fig. 6. — Cette figure est une coupe transversale de la traverse-tête de piston, la section est en double T avec moulures.

Fig. 7. — Cette figure est une coupe d'un coussinet placé à l'extrémité de l'axe de la ventelle, et qui a pour but d'empêcher tout soulèvement de celle-ci ; on voit ces coussinets en plan (*fig.* 2). On peut remarquer qu'ils sont simplement fixés par des clavettes sur la gorge en fonte qui sert de charnière à la ventelle.

PROJET D'ÉLÉVATION

DES

SOURCES BASSES DE LA VANNE.

A Monsieur le Sénateur Préfet de la Seine.

MONSIEUR LE PRÉFET,

J'ai eu l'honneur de vous remettre, à la date du 12 janvier 1869, un Mémoire sur des études comparatives de l'effet utile théorique des moteurs hydrauliques qui pourraient concourir aux élévations des sources basses de la Vanne. J'avais annoncé qu'un peu plus tard j'aurais l'honneur de vous soumettre plusieurs projets de machines élévatoires qui devraient remplir, selon moi, les conditions du nouveau programme qui m'a été remis par M. l'Ingénieur Humblot, dans un voyage que j'ai fait à Sens. Je pensais produire plus tôt ces projets; mais j'ai voulu me rendre compte par moi-même, sur les lieux, de la position des usines existantes, afin d'examiner s'il ne serait pas possible de faire servir les bâtiments des moulins actuels pour y installer des machines élévatoires.

D'après l'expérience que j'ai de ces transformations d'usines, j'ai toujours remarqué qu'il valait mieux construire un bâtiment spécial; car on a souvent des mécomptes lorsqu'on veut faire servir des bâtiments pour recevoir des appareils autres que ceux pour lesquels ils ont été construits.

J'ai cependant trouvé que le moulin de Mâlay-le-Roi pourrait facilement contenir le double système de pompe formant deux appareils d'élévation d'eau, comme cela est fait à Isles-les-Meldeuses, en adoptant des roues-turbines semblables, qu'on placerait en dehors du bâtiment : c'est ce que montre le plan d'ensemble du moulin de Mâlay-le-Roi.

Les deux autres usines sont impropres à recevoir le système d'élévation d'eau projeté pour Mâlay-le-Roi. On pourra donc choisir ici l'un ou l'autre des appareils élévatoires que je propose.

Permettez-moi, Monsieur le Préfet, à ce sujet, de vous présenter un travail complet que je publie en ce moment, qui concoure, soit directement, soit indirectement, aux élévations d'eau, travail se composant de diverses combinaisons d'appareils élévatoires et de plusieurs barrages parfaitement étanches et entièrement mobiles, qui pourraient remplacer, avec de grands avantages, ceux de la haute Seine, surtout si Monsieur le Préfet voulait utiliser les chutes créées par ces barrages, afin de faire profiter la ville de Paris d'une force motrice économique pour dégrever l'entretien fort coûteux des machines à vapeur élévatoires qu'elle possède.

Lorsque l'on compare la différence qui existe entre l'emploi de la force donnée par la chute d'eau et celle chèrement achetée par la machine à vapeur, on se demande pourquoi on n'utilise pas toutes les chutes d'eau qui avoisinent celle-ci. On pourrait se demander aussi pourquoi on n'emploie pas les appareils à élever les eaux qui donnent un rendement beaucoup plus considérable que d'autres appareils plus coûteux pour leur installation et leur entretien.

Le dernier programme donné pour les élévations des sources basses de la Vanne prouve que les Ingénieurs attachent une très-grande importance à ce rendement, puisqu'on l'élève jusqu'à 76 et 78 pour 100 en eau montée, rendement qui ne peut être atteint d'une manière continue par les moteurs à rotation composés d'organes les plus simples, et même en supprimant les engrenages, engins qu'il faut éliminer dans ce cas comme on l'a fait à Marly ; car il reste toujours la composition d'efforts pour transformer le mouvement de rotation du moteur en mouvement rectiligne de la pompe, ce qui fait naître des flexions et torsions des organes composant les machines, et engendre de très-grands frottements dans les surfaces qui se meuvent l'une contre l'autre. Ces frottements déterminent des échauffements dangereux, qui peuvent compromettre le service par une prompte détérioration des pièces ; — ils absorbent aussi un travail, quelquefois considérable, qui pourrait être employé à accroître le volume d'eau élevé.

Faire disparaître ces résistances passives et les transformer en travail mécanique utile serait introduire dans les élévations d'eau un grand perfectionnement dont la valeur n'échappera pas à un économiste homme d'État. Ce perfectionnement, je puis le réaliser par la machine à colonne d'eau que je propose concurremment avec les divers projets que je présente pour élever les sources basses de la Vanne.

Dans cet appareil, le moteur n'est autre qu'un piston qui reçoit directement la pression de la colonne d'eau de la chute, pression qu'il transmet directement dans le sens vertical, pour faire plonger le piston foulant de la colonne élévatoire, en évitant ainsi de faire passer cette énorme pression par des organes frottants, qui donnent lieu aux inconvénients signalés plus haut.

Quand on réfléchit sérieusement à toutes ces actions passives, on arrive à se dire que, quoi qu'on fasse pour retarder l'accomplissement des élévations d'eau par action directe, il faudra tôt ou tard y arriver pour économiser la force motrice des chutes d'eau. En effet, cette force est l'élément qui deviendra le plus indispensable à l'humanité, puisque son travail représente la chaleur nécessaire à la vie. Or cette chaleur que la civilisation emprunte en égoïste aux entrailles de la terre, sans se préoccuper des besoins de nos descendants, en se disant en quelque sorte : *Après nous la fin du monde*, tend de plus en plus à s'épuiser, et il est sage de retarder autant que possible l'épuisement complet de cette source de chaleur.

Au point de vue ci-dessus, les élévations des sources basses de la Vanne offrent un immense intérêt dans le choix de tel ou tel autre mode d'élévation d'eau, et ce choix ne peut être fait par M. le Sénateur Préfet de la Seine qu'avec une parfaite connaissance de cause. Or je crois rester dans les limites des convenances en venant le prier de mettre au concours cet important travail, qui peut avoir d'immenses conséquences nonseulement pour la très-importante dérivation de la Vanne, mais aussi pour donner un exemple de ce que la puissance hydraulique peut réaliser dans l'avenir pour la richesse de toutes nos industries.

Pour motiver cette demande, je dois faire connaître à Monsieur le Préfet qu'il y a trente années que j'ai fait ma première découverte ayant trait à l'équilibre des colonnes d'eau en mouvement, ce qui m'a valu, de l'Académie des Sciences, le prix de Mécanique de 1843, et plus tard une autre récompense académique, la plus haute qu'on donne dans la mécanique appliquée : l'insertion, dans le *Recueil des Savants étrangers*, en 1849, de mon Mémoire sur la machine à colonne d'eau, qui était en expérimentation à ce moment dans les bassins de Chaillot, en présence d'une Commission municipale : machine qui a été rappelée par le très-honorable Inspecteur général, M. Mary, en ma présence, dans une des séances de la Commission des eaux, présidée par M. le Sénateur Dumas, en 1859.

Permettez-moi, Monsieur le Préfet, de rappeler ces coïncidences de dates : 1839-1849-1859, en vous faisant remarquer que c'est justement en 1869 qu'une grande décision va être prise au sujet de cette machine.

Veuillez agréer, Monsieur le Sénateur Préfet, l'assurance de mon entier dévouement,

D. GIRARD.

Paris, le 8 février 1869.

———————

Avant de parler des projets que j'ai présentés pour cette élévation d'eau, faisons un retour en arrière et voyons ce qui s'est passé depuis 1865, lors de la mise en train de la première roue-turbine de Saint-Maur. A ce moment, j'eus la grande satisfaction de voir M. Belgrand, qui avait fait quelque opposition à l'adoption de ce moteur, en reconnaître la valeur et m'en faire l'éloge, en me disant qu'il me ferait le plus grand honneur. Les expériences qui suivirent cette mise en train, dans lesquelles, pour le jaugeage de l'eau dépensée, on avait pris un coefficient de contraction des orifices injecteurs de 0,90, lorsque M. Dupuit avait trouvé 0,80 au Mans, montrèrent que l'effet utile dépassait 64 pour 100, tandis que je n'en avais garanti que 50. Enfin, la satisfaction de M. Belgrand fut encore plus grande lorsque l'expérience, faite en temps de crues, montra que, pendant que les turbines Fourneyron cessaient de fonctionner, la roue-turbine conservait encore au moins les deux tiers de sa puissance.

Après ce dernier résultat, il n'y eut plus aucune hésitation, et je reçus la commande de trois autres roues du même système. De plus, on me demanda un projet de machines élévatoires pour l'usine hydraulique d'Isles-les-Meldeuses, et des renseignements pour l'élévation des sources basses de la Vanne, avant même que les travaux de la dérivation fussent commencés.

Pleinement satisfait de la confiance dont M. Belgrand m'honorait, et qui était pour moi une sorte de compensation aux études et aux expériences nombreuses que j'avais faites dans le but de créer des usines hydrauliques pour l'alimentation d'eau de la ville de Paris, j'eus lieu de m'étonner, pendant la construction même des trois dernières roues de Saint-Maur, que mon étoile, si brillante à la fin de 1865, commençât à pâlir dès l'année 1866.

En effet, c'est à cette époque que commencèrent quelques discussions, cordiales d'ailleurs, sur le procédé de jaugeage par les orifices de distribution de la roue-turbine. M. Belgrand ne discutait pas trop le coefficient de contraction 0,90 que j'avais donné, attendu que M. Dupuit, après des expériences minutieuses, avait reconnu un coefficient de 0,80; mais, disait M. Belgrand, la charge génératrice ne peut pas être prise du niveau supérieur du bief au niveau du centre de l'orifice, parce que le mode d'action de l'eau dans cette machine donne lieu à des aspirations qui peuvent accroître considérablement la vitesse de l'eau à travers les orifices injecteurs. Après avoir démontré l'impossibilité de ce phénomène dans la turbine à libre déviation, je vis qu'il était impossible de convaincre M. Belgrand. Enfin, au commencement de l'année 1868, l'élévation des sources basses de la Vanne étant remise à l'étude, M. Belgrand m'annonça qu'on emploierait mon système de pompe, qu'il trouve excellent, mais, qu'au lieu d'adopter la roue-turbine en fonte, semblable à celles de Saint-Maur et d'Isles-les-Meldeuses, on ferait tout simplement une roue en bois à aubes planes, coûtant moins cher, dit-il, qu'une roue-turbine et donnant plus d'effet utile.

En présence de cette détermination, nous eûmes une dernière discussion, toujours sur le jaugeage de l'eau dépensée par les orifices des roues-turbines, qui nous laissa d'avis contraire.

En dernier lieu, M. Belgrand me demanda un projet pour la Vanne; c'est alors que je lui annonçai que, s'il voulait avoir un effet utile plus grand que celui que pouvait donner un moteur quelconque, roue ou turbine, je lui soumettrais un projet de machine à colonne d'eau, ce qui fut fait au mois de mai de la même année.

Je fus étrangement surpris, quelque temps après, d'apprendre indirectement que M. Belgrand allait présenter nonseulement des roues en bois pour la Vanne, mais encore des pompes qui n'étaient pas de mon système, malgré l'éloge qu'il en avait fait quelques mois auparavant. J'en étais à me demander quelles pouvaient être l'influence et les raisons qui avaient pu modifier ainsi les décisions de M. Belgrand; c'était pour moi une énigme; et c'est dans une brochure dont je viens de prendre connaissance, publiée par M. Sagebien, que j'ai découvert la source des croyances de M. Belgrand reposant sur la fausse interprétation des phénomènes qui se produisent dans les aubes mobiles de la roue-turbine. Tout s'expliquait alors, puisque c'est le projet de M. Sagebien qui a été accepté par M. Belgrand.

Je retrouve dans cette brochure les critiques que M. Sagebien élève contre mes systèmes de machines dans les lettres qu'il adresse aux chefs de municipalités qui veulent bien me confier leurs élévations d'eau, comme il l'a fait auprès du maire de la ville d'Agen. Ainsi, à la page 45, mon système est parfaitement indiqué, lorsqu'il dit « que le débit doit être » augmenté dans les turbines, par suite de la forme des pa- » lettes mobiles, surtout lorsqu'elles sont évasées, parce » qu'elles ont alors une plus grande puissance d'aspiration, » circonstance qui a pu faire croire à un rendement plus » considérable, quand, au contraire, il pouvait se trouver » inférieur relativement à la dépense d'eau. » Je serais singulièrement surpris s'il n'y avait pas là une allusion aux roues-turbines de Saint-Maur.

En ne prononçant pas mon nom, M. Sagebien s'est réservé ainsi une porte de derrière au moment où la vérité ferait son entrée par la porte de devant; mais, puisqu'il imprime ses critiques, je me permettrai de les discuter. M. Sagebien critique les turbines en général, qu'elles soient à réaction ou à pression forcée, qu'elles soient par choc ou par libre déviation, peu lui importe : à son point de vue, ce sont des moteurs indignes d'attirer un moment son attention. Ce qu'il y a d'étrange, c'est qu'il paraît ignorer d'une manière complète que les couronnes mobiles des turbines à libre déviation sont trouées de toutes parts sur les joues latérales qui renferment les aubes, et que de semblables aspirateurs pourraient bien ne pas faire grand vide pour accroître la dépense d'eau des orifices injecteurs de ce genre de turbines, pas plus que ne le ferait un piston se mouvant dans un corps de pompe dont le tuyau d'aspiration serait troué sur toute sa longueur, c'est-à-dire dans le même état que les joues de mes turbines.

C'est là une comparaison fort exacte, et que tout le monde comprendra aisément, en y prêtant la moindre attention.

Cela posé, je ne suivrai pas l'auteur de la brochure dans les développements qu'il donne pour élever sa roue au-dessus de tous les moteurs hydrauliques connus, et pour établir certaine manière de jauger l'eau dépensée par ce moteur fameux. Je me bornerai seulement à dire qu'en fait de jaugeage rigoureux, je n'en connais qu'un : c'est celui qui est constaté par l'observation de la dépense au cubage d'un réservoir. Voici comment on procède. On commence par régler le frein placé sur le moteur, puis, à un instant donné, par un coup de sifflet, on fait marquer le niveau dans le réservoir qui alimente la machine, et simultanément on compte les tours de la poulie du frein; l'observateur du réservoir suit l'abaissement du niveau, et, au bout d'un temps de quatre à cinq minutes, celui qui compte les tours donne un deuxième coup de sifflet pour faire repérer le second niveau. La différence des deux niveaux observés, multipliée par la section constante du réservoir, donne le volume d'eau dépensé relatif au travail recueilli par le frein; et si cette expérience a duré cinq minutes, par exemple, soit 300 secondes, la plus grande erreur que l'on puisse commettre n'est pas même d'une seconde; on est donc certain du volume dépensé à $\frac{1}{11}$ près.

Je ne sache pas que M. Sagebien ait eu dans ses nombreux essais une expérience faite dans ces conditions, du moins sa brochure n'en parle pas; et il ne sait probablement pas que je possède plusieurs expériences faites de cette manière, notamment à Gênes, sur des turbines appliquées à la distribution de force motrice dans cette ville, et en outre sur une autre turbine semblable expérimentée au Conservatoire impérial des

2.

Arts et Métiers, où l'eau a été mesurée dans les bassins qui font partie de l'installation de la galerie des machines en mouvement. Ces expériences ont été présentées à l'Académie des Sciences par M. le Directeur du Conservatoire, et insérées dans le numéro du 24 juillet 1866 des *Comptes rendus des séances de l'Académie des Sciences*.

Pour ces expériences, M. Sagebien ne peut pas attaquer l'exactitude du rendement en se fondant sur des erreurs de coefficients de jaugeage, et cependant le petit modèle, essayé sous une chute beaucoup plus faible que celle qu'il devait utiliser, 9ᵐ,491 au lieu de 50 mètres, avec un volume très-faible de 13ˡⁱᵗ,32 par seconde, a donné un rendement de 76,2 pour 100.

Que pense M. Sagebien de cette expérience sur une turbine qui n'avait que 0ᵐ,400 de diamètre, utilisant la force vive d'un filet d'eau extrêmement réduit?

N'est-il pas évident, *à priori*, que les roues de Saint-Maur, qui marchent exactement en vertu du même principe que la turbine expérimentée, et dont le diamètre est trente fois plus grand et les filets d'eau vingt fois plus épais, ont un rendement plus considérable encore?

Quand on est impartial, on doit dire la vérité, qu'elle soit ou non à votre avantage; et lorsqu'on ne sait pas : *Dans le doute abstiens-toi*, dit le sage. Or, dans ce cas, je crois vraiment que M. Sagebien n'a pas été *bien sage*.

Dans la turbine expérimentée au Conservatoire, l'eau se mouvait, comme dans la roue-turbine de Saint-Maur, par grand évasement et par libre déviation, ce qui veut dire que les aubes n'étaient pas pleines; par conséquent, pour revenir à la comparaison que j'ai faite plus haut, la veine d'eau détachée de l'aube représente un piston qui laisserait un jeu notable entre lui et le corps de pompe. Et cette disposition ne fait pas craindre à M. Sagebien de dire qu'on peut faire le vide dans un tuyau entièrement percé de trous! Et il s'imagine avoir pu convaincre d'un fait aussi absurde un éminent ingénieur, qui, en raison de ses grandes occupations, n'a évidemment pas eu le temps de vérifier l'erreur commise par M. Sagebien !

D'après ce que nous venons de dire, on voit que les turbines ne sont pas déjà si mauvaises, et quoique M. Sagebien se plaigne amèrement qu'on donne souvent la préférence à ce genre de moteur, et que l'on n'a pas compris la valeur de sa roue, je pense au contraire qu'il devrait remercier les hommes compétents de n'avoir pas cherché à démontrer combien l'inclinaison des aubes est irrationnelle et préjudiciable à l'effet utile des roues de côté proprement dites, ainsi que nous le démontrerons plus loin par la comparaison de la roue à aubes inclinées avec la roue de côté à palettes radiales, et avec un système de roue-turbine de côté qui utilise également le poids de l'eau et une partie de sa force vive à l'entrée. Cette comparaison, je crois être à même de la faire, puisque, dans mes premières études en hydraulique, c'est toujours le poids de l'eau que j'ai voulu utiliser de préférence à sa force vive, ainsi que le montrent : ma première découverte, l'écluse à bassin flottant et siphon alternatif, qui a été transformée plus tard en appareil à élever les eaux à de faibles hauteurs par simple déplacement de liquide; puis la machine à colonne d'eau pour élever à de grandes hauteurs, également par simple déplacement de liquide; et enfin les roues de côté hydro-pneumatiques (étudiées en 1849), système qui avait pour but de déplacer les eaux du bief d'amont pour les faire agir circu-

lairement et les déposer dans un niveau d'aval que je maintenais artificiellement à la hauteur voulue à l'aide de l'hydro-pneumatisation, c'est-à-dire par de l'air comprimé ou déprimé agissant à la fois sur les niveaux d'amont et d'aval.

On verra, par l'appréciation que je ferai de l'inclinaison des aubes dans les roues de côté, que si M. Sagebien a exécuté quelques roues de son système, c'est grâce à ce qu'un grand nombre de constructeurs de turbines ne sont pas toujours aptes à faire le tracé d'aubes le plus convenable pour obtenir le grand effet utile que ces moteurs modernes sont susceptibles de donner; c'est grâce aussi à ce que certains industriels ont une horreur profonde à employer une machine dans laquelle ils ne comprennent pas le jeu et l'action de l'eau sur les aubes, et ne peuvent ainsi en apprécier les utiles applications. En effet, il est facile de reconnaître que les industriels intelligents, qui ont quelques notions du principe des forces vives, préfèrent les turbines aux roues; mais malheureusement il existe encore un grand nombre de ces industriels qui, ne comprenant pas les premières, donnent la préférence à une roue qu'ils peuvent voir et visiter, et qui, à leurs yeux, a cet avantage séduisant de posséder un grand levier au bout duquel l'eau pèse pour lui transmettre sa force : apparence souvent trompeuse, mais qui rappelle ce fameux mot d'Archimède : « Donnez-moi un point d'appui, et je soulèverai la terre. »

Je suis persuadé que, malgré les critiques de M. Sagebien sur les turbines, ces machines subsisteront, et que la mémoire de l'ingénieur distingué M. Fourneyron, qui a fait faire le premier pas à ce genre de moteur, ne sera pas effacée de sitôt. Je serais heureux ici de pouvoir adresser les mêmes éloges à M. Sagebien pour ses roues, mais plus loin on verra que cela n'est guère possible, malgré tout le bon vouloir et l'impartialité que je mettrai toujours dans l'appréciation des œuvres des autres.

COMPARAISON DE LA ROUE DE CÔTÉ A AUBES INCLINÉES DE M. SAGEBIEN AVEC LA ROUE-TURBINE DE CÔTÉ.

Un mot sur la composition de ces deux roues, en ce qui concerne surtout la roue de côté proprement dite, car la roue-turbine de côté possède des directrices fixes pour admettre l'eau, comme la roue-turbine en dessous de Saint-Maur. Prenons donc pour point de départ la roue représentée *fig.* 1, *Pl.* de l'étude comparative de l'effet utile théorique, composée d'une première série d'aubes radiales *a* et d'une seconde série d'aubes inclinées *b* destinées à maintenir l'eau en réserve dans le cas de regord d'aval, afin que la roue puisse marcher encore passablement dans les hautes eaux.

Je pourrais citer un grand nombre de ces roues qui ont été successivement remplacées par des turbines à libre déviation; je citerai entre autres la roue de côté de la papeterie d'Égreville, chez M. Dufaÿ, qui a été remplacée, en 1851, par la première turbine à libre déviation de mon système, laquelle fonctionne nuit et jour depuis dix-sept ans avec une parfaite régularité, et sans que jamais on se soit aperçu de la moindre diminution dans son effet utile.

M. Sagebien, dans l'intention de faciliter à l'eau son entrée dans la roue, pour éviter quelques chocs et tourbillonne-ments, a prolongé la contre-aube b, jusqu'à la circonférence extérieure de la roue, et a supprimé ainsi entièrement, par un seul coup de tire-ligne, l'aube radiale a. A-t-il bien fait ? Plus loin nous verrons que non.

Cette inclinaison, ainsi que le dit l'auteur, peut varier selon le diamètre de la roue et selon la chute que l'on veut utiliser.

Nous supposerons, dans l'appréciation que nous voulons faire de cette nouvelle disposition d'aubes, que la roue marche avec une vitesse, à sa circonférence, de $0^m,70$ par seconde. Je crois que c'est bien la vitesse que l'auteur donne à sa roue pour en tirer le meilleur effet utile. Dans le tracé (*fig.* 3), on voit que les filets d'eau de la surface du bief d'amont marchent avec une vitesse un peu plus grande que celle de la roue, afin de laisser embarquer l'eau sans choc ; mais, à mesure que le filet pénètre plus avant dans la roue, la vitesse de l'eau n'est plus en rap-port avec celle du nouvel élément de l'aube sur lequel elle vient frapper, et, comme le dit l'auteur lui-même, « elle actionne cette aube *comme le fait l'air sur la volée d'un moulin à vent* » (p. 27). Un travail transmis de la sorte ne donne pas assurément le maximum d'effet utile, comme le recherche l'au-teur. Dans la roue-hélice de Noisiel, j'utilise bien aussi le cou-rant de l'eau ; mais c'est en ayant soin de faire dévier les filets liquides dans leurs mouvements relatifs sur une surface courbe, disposition qui me fait éviter le choc, suivant ainsi les enseigne-ments du très-illustre hydraulicien et grand géomètre M. Pon-celet, dont nous devons ici honorer la mémoire comme ayant le premier dévoilé ce mode d'action de l'eau, dont il a donné la savante théorie.

Le choc de l'eau prise à la surface du bief d'amont sur les aubes planes à l'entrée dans la roue est donc un premier dé-faut de la roue Sagebien.

Si nous considérons maintenant les filets d'eau des couches profondes à leur entrée dans la roue, nous verrons que, con-servant toujours la même direction horizontale, ils ne peuvent plus pénétrer dans les aubes avec une vitesse relative suffisante pour se soustraire au choc de la palette qui arrive sur eux, parce que, l'eau s'élevant de plus en plus dans les aubes, la charge génératrice qui produit cette vitesse est plus faible que celle qui agit sur les filets plus élevés. L'aube vient donc frapper les filets inférieurs en produisant une dépression der-rière elle, où l'eau se précipite en tourbillonnant. Il y a donc, dans la roue Sagebien, deux perturbations déterminées, l'une par le choc de l'eau sur l'aube dans la partie supérieure de la roue, l'autre par le choc de l'aube sur l'eau dans la partie inférieure, perturbations qu'on peut éviter au moyen de direc-trices d'une inclinaison variable, pareilles à celles que nous avons indiquées dans la roue-turbine de côté, et cela sans avoir besoin d'abandonner l'aube radiale à laquelle il n'aurait fallu toucher que pour faciliter le débarquement de l'eau en aval, ainsi qu'on le verra plus loin.

Disons cependant que les deux perturbations que nous ve-nons de signaler n'ont pas une grande importance avec des vitesses de $0^m,700$ par seconde ; mais, quand on veut faire des-cendre les pertes théoriques à une fraction très-faible de la chute, elles ne doivent pas être négligées. « Les petits ruis-seaux font les grandes rivières. »

Enfin, comme ces pertes échappent à l'analyse à cause de la complication des phénomènes, il faut les comprendre dans un coefficient rectificatif avec d'autres pertes oubliées qui échappent aussi aux calculs.

II.

Étudions maintenant l'entrée de l'eau dans la roue-turbine de côté (*fig.* 2).

Nous supposerons que cette roue-turbine, pour ne pas trop s'éloigner de la vitesse de son aînée, la roue-turbine en des-sous, marche avec une vitesse minimum de 1 mètre par se-conde (1).

Ici la direction de l'eau est donnée par des directrices dis-posées comme dans la roue-turbine en dessous. Ces direc-trices sont, selon moi, indispensables pour faciliter l'entrée de l'eau sans choc sur les aubes. Toute l'eau dirigée sur les aubes dévie, dans un mouvement relatif, sur les surfaces courbes, auxquelles elle transmet une pression centrifuge due à ce mouvement relatif, qui, multipliée par le chemin par-couru par le point pressé, donne la mesure du travail transmis à la roue. Le reste de la force vive qui ne peut pas être trans-mis à la roue tend à élever l'eau dans les dernières aubes, et cette eau, au lieu de redescendre le long des aubes pour réagir sur la surface courbe comme dans la roue Poncelet, reste au niveau supérieur, parce que, à cet instant, elle a franchi la tête de vanne qui règle l'admission de l'eau, et elle se trouve enclavée dans le coursier circulaire, phénomène que l'on peut obtenir assez rigoureusement en donnant à la roue une vitesse de 1 mètre par seconde. En résumé, nous pouvons dire, sans être taxé de prétention, que l'embar-quement de l'eau ne donne pas lieu à plus de perte dans la roue-turbine de côté que dans la roue Sagebien à aubes inclinées.

Passons maintenant à la sortie ou débarquement de l'eau, opération beaucoup plus délicate que l'entrée, surtout lors-que les aubes se trouvent plongées assez profondément dans le bief d'aval, condition indispensable pour débiter un vo-lume d'eau convenable par mètre courant de largeur de la roue. Les pertes dues à cette opération sont bien loin d'être négligeables, quoi qu'en dise M. Sagebien. En effet, pour s'en convaincre, on n'a qu'à jeter les yeux sur la courbe dévelop-pante cd que nous avons tracée (*fig.* 3), qui montre quelle serait la forme que devraient avoir les aubes pour que la mo-lécule d'eau du point c puisse débarquer de la roue en con-servant constamment la vitesse qu'elle possède en ce point a. Ce premier aperçu fait voir de suite quelle valeur il faut attri-buer à l'idée de l'inclinaison des aubes pour faciliter l'entrée et la sortie de l'eau dans les roues de côté.

Pour moi, et je crois aussi pour beaucoup d'autres per-sonnes, voilà une courbe cd bien connue de ceux qui tracent de grosses dents d'engrenage qui pourrait faire regretter à l'auteur des aubes inclinées d'avoir étourdiment, d'un trait de tire-ligne, comme je l'ai dit plus haut, fait disparaître la première aube radiale. Et, chose curieuse, c'est que ce débar-quement de l'eau, qui donne lieu à la plus grande perte de travail de la roue, ne pouvait pas échapper au calcul comme les perturbations que nous avons vues dans l'embar-quement ; et l'on peut même s'en rendre compte d'une ma-nière parfaitement exacte, ainsi qu'on va le voir par les consi-dérations et calculs ci-après.

Dans les roues de côté à palettes planes, radiales ou incli-nées, l'eau en aval sort de la roue en tranches horizontales

---

(1) Le *mètre par seconde*, ainsi que le disait un jour un riche industriel à mon honorable professeur en ma présence, c'est le *pas du cheval*.

2.,

animées de deux vitesses, l'une égale à celle de la roue et dirigée par conséquent dans le sens de rotation de celle-ci et suivant la tangente, l'autre dirigée suivant l'axe du canal de sortie formé par deux aubes consécutives. Ces deux vitesses donnent lieu à une résultante horizontale qui représente la vitesse absolue de sortie et dont la valeur augmente à mesure que les aubes s'élèvent de plus en plus dans le canal de fuite. Un tracé graphique représente (*fig.* 2 et 3) les différentes valeurs de ces vitesses de sortie. On voit que, pour la roue Sagebien marchant à $0^m,700$ de vitesse à la circonférence et noyée des $\frac{7}{10}$ du rayon, la vitesse de sortie de l'eau est de $0^m,700$ dans les aubes qui commencent à quitter le coursier circulaire, et qu'elle s'élève à $2^m,55$ dans l'aube quittant le niveau d'aval, tandis que, dans la roue-turbine de côté marchant avec 1 mètre de vitesse par seconde et noyée aussi des $\frac{7}{10}$ du rayon, l'eau sort de la dernière aube émergente

avec une vitesse absolue de $1^m,700$ seulement. Cette vitesse absolue de sortie de l'eau dans les aubes est nécessairement produite par une charge génératrice empruntée à la puissance de la chute, c'est-à-dire que l'eau, pour sortir de la roue, devra être relevée par celle-ci à un niveau dans les aubes d'autant supérieur à celui d'aval que la vitesse de sortie sera plus grande. Pour se rendre compte de cette perte de travail à la sortie, il suffit de remarquer que, de chaque aube plongée dans le bief d'aval, il sort par seconde une masse d'eau M animée d'une vitesse absolue V, ce qui donne lieu à une perte de travail représentée par $\dfrac{MV^2}{2}$. En totalisant alors les pertes de travail obtenues ainsi pour chaque aube émergente, on obtient la perte de travail à la sortie. C'est ce que résument les tableaux ci-après.

Roue Sagebien, à aubes inclinées.

Vitesse $0^m,70$ à la circonférence; hauteur noyée $\frac{7}{10}$ du rayon; chute $1^m,60$.

NUMÉROS des aubes.	VOLUMES débités par seconde et par mètre de largeur de roue.	VITESSES absolues de sortie.	PERTES DE TRAVAIL à la sortie par mètre de largeur de roue.
1			
2	Pour ces trois premières aubes, volumes débités insignifiants, pertes non appréciables.		
3			
4	5,300 lit	0,880 m	$\dfrac{5^{kil},30 \times \overline{0^m,88}^2}{2g} = 0,210$ km
5	17,500	0,940	$\dfrac{12^{kil},50 \times \overline{0^m,94}^2}{2g} = 0,800$
6	30,900	1,000	$\dfrac{30^{kil},90 \times \overline{1^m,00}^2}{2g} = 1,550$
7	52,000	1,070	$\dfrac{52^{kil},00 \times \overline{1^m,07}^2}{2g} = 3,000$
8	75,000	1,150	$\dfrac{75^{kil},00 \times \overline{1^m,15}^2}{2g} = 5,000$
9	118,000	1,300	$\dfrac{118^{kil},00 \times \overline{1^m,30}^2}{2g} = 10,000$
10	192,000	1,450	$\dfrac{192^{kil},00 \times \overline{1^m,45}^2}{2g} = 21,000$
11	260,000	1,700	$\dfrac{260^{kil},00 \times \overline{1^m,70}^2}{2g} = 37,600$
Volume total dépensé par mètre de larg^r de roue.	750,700	Perte totale de travail......	79,160

Travail brut $= 750^{lit},70 \times 1^m,60$ de chute $= 1201^{kgm},12$
Perte de travail à la sortie............. $= 79^{kgm},160$
Rapport de la perte au travail brut $= \dfrac{79^{kgm},160}{1201^{kgm},12} = 0,0659$, soit 6,59 p. 100.

Roue-turbine de côté.

Vitesse $1^m,00$ à la circonférence; hauteur noyée $\frac{7}{10}$ du rayon; chute $1^m,60$.

NUMÉROS des aubes.	VOLUMES débités par seconde et par mètre de largeur de roue.	VITESSES absolues de sortie.	PERTES DE TRAVAIL à la sortie par mètre de largeur de roue.
1			
2	Pour ces deux aubes, volumes débités insignifiants, pertes non appréciables.		
3	16,000 lit	1,030 m	$\dfrac{16^{kil},00 \times \overline{1^m,03}^2}{2g} = 0,850$ km
4	35,000	1,050	$\dfrac{35^{kil},00 \times \overline{1^m,03}^2}{2g} = 1,925$
5	60,000	1,075	$\dfrac{60^{kil},00 \times \overline{1^m,075}^2}{2g} = 3,480$
6	74,000	1,100	$\dfrac{74^{kil},00 \times \overline{1^m,10}^2}{2g} = 4,500$
7	105,600	1,140	$\dfrac{105^{kil},00 \times \overline{1^m,14}^2}{2g} = 6,850$
8	140,800	1,200	$\dfrac{140^{kil},00 \times \overline{1^m,20}^2}{2g} = 10,080$
9	185,000	1,260	$\dfrac{185^{kil},00 \times \overline{1^m,26}^2}{2g} = 14,450$
10	224,000	1,320	$\dfrac{224^{kil},00 \times \overline{1^m,32}^2}{2g} = 19,450$
11	256,000	1,400	$\dfrac{256^{kil},00 \times \overline{1^m,40}^2}{2g} = 25,000$
Volume total dépensé par mètre de larg^r de roue.	1096,400	Perte totale de travail......	86,585

Travail brut $= 1096^{lit},4 \times 1^m,60$ de chute $= 1754^{kgm},24$
Perte de travail à la sortie............. $= 86^{kgm},585$
Rapport de la perte au travail brut $= \dfrac{86^{kgm},585}{1754^{kgm},24} = 0,0493$, soit 4,93 p. 100.

Roue-turbine de côté.

Vitesse $1^m,00$ à la circonférence; hauteur noyée $\frac{14}{16}$ du rayon; chute $1^m,60$.

NUMÉROS des aubes.	VOLUMES débités par seconde et par mètre de largeur de roue.	VITESSES absolues de sortie.	PERTES DE TRAVAIL à la sortie par mètre de largeur de roue.
1			
2	Pour ces trois premières aubes, les volumes débités sont insignifiants, et par conséquent les pertes non appréciables.		
3			
4	lit 5,400	m 1,050	$\dfrac{5^{kil},40 \times \overline{1^m,05}^2}{2g} = $ kgm 0,300
5	16,000	1,075	$\dfrac{16^{kil},00 \times \overline{1^m,075}^2}{2g} = 0,920$
6	28,800	1,100	$\dfrac{28^{kil},80 \times \overline{1^m,10}^2}{2g} = 1,740$
7	50,000	1,140	$\dfrac{50^{kil},00 \times \overline{1^m,14}^2}{2g} = 3,250$
8	72,000	1,200	$\dfrac{92^{kil},00 \times \overline{1^m,20}^2}{2g} = 5,180$
9	126,000	1,260	$\dfrac{126^{kil},00 \times \overline{1^m,26}^2}{2g} = 10,000$
10	200,000	1,320	$\dfrac{200^{kil},00 \times \overline{1^m,32}^2}{2g} = 17,400$
11	275,000	1,400	$\dfrac{275^{kil},00 \times \overline{1^m,40}^2}{2g} = 27,000$
12	350,000	1,550	$\dfrac{350^{kil},00 \times \overline{1^m,55}^2}{2g} = 42,000$
13	192,000	1,700	$\dfrac{192^{kil},00 \times \overline{1^m,70}^2}{2g} = 27,700$
Volume total dépensé par mètre de larg^r de roue.	1315,200	Perte totale de travail......	135,490

Travail brut $= 1315^{lit},2 \times 1^m,60$ de chute $= 2104^{kgm},32$

Perte de travail à la sortie.............. $= 135^{kgm},49$

Rapport de la perte au travail brut $= \dfrac{135^{kgm},49}{2104^{kgm},32} = 0,0644$, soit 6,44 p. 100.

Il résulte de ces calculs que la roue-turbine de côté, marchant à 1 mètre de vitesse à la circonférence et noyée des $\frac{4}{16}$ du rayon, perd moins de travail à la sortie de l'eau et donne par conséquent un meilleur effet utile que la roue à aubes inclinées marchant à $0^m,700$ de vitesse et noyée des $\frac{4}{5}$ du rayon seulement; cela, d'après nos calculs bien entendu, que nous maintiendrons cependant jusqu'à preuve du contraire.

Il faut ajouter à cette bonification que, la roue-turbine de côté marchant plus vite que la roue à aubes inclinées avec une hauteur d'eau égale dans les aubes, la perte d'eau par le jeu du coursier, qui, soit dit en passant, a une plus grande valeur que celle donnée par M. Sagebien, n'est, dans la roue-turbine de côté, que les $\frac{4}{14}$ de ce qu'elle est dans la roue à aubes inclinées; cette perte est donc diminuée de 30 pour 100.

Si, après cette comparaison des deux perfectionnements apportés à la roue de côté ordinaire, si maltraitée par l'auteur de la brochure, nous faisons une nouvelle comparaison entre cette dernière roue et celle à aubes inclinées, nous voyons que, à tout prendre, elle vaut encore infiniment mieux que celle de M. Sagebien; car son rendement théorique ne diffère de celui de la roue-turbine de côté que par la perte qui se fait dans l'introduction de l'eau. Et si l'on considère que la roue Sagebien, marchant à $0^m,700$ de vitesse, perd, ainsi que nous l'avons dit, 30 pour 100 de plus d'eau par le jeu du coursier que la roue de côté ordinaire à aubes radiales marchant à 1 mètre, on trouve que cette dernière donne un effet utile plus grand que la roue Sagebien, indépendamment de l'avantage qu'elle a sur elle de faire un plus grand nombre de révolutions dans le même temps.

Disons, en terminant, que si les roues de côté ordinaires ont été remplacées dans un grand nombre de cas par des turbines, comme dans le cas cité plus haut à la papeterie d'Égreville, chez M. Dufay, c'est que ces roues avaient le défaut, dans les usines, de ne pouvoir vaincre des résistances variables qu'en faisant varier l'introduction de l'eau, ce qui est complétement impossible pour les résistances variables périodiques très-rapprochées. Et aujourd'hui, si l'on paraît revenir à ces roues, attiré par de soi-disant perfectionnements, c'est que les industriels ont été facilement éblouis par un très-beau rendement reconnu au frein; mais cette épreuve se trouve faite dans des conditions tout à fait exceptionnelles, la résistance à vaincre étant rigoureusement constante, ce qui permet d'admettre l'eau dans les aubes comme l'indiquent les tracés de la brochure Sagebien, où l'on voit qu'il n'y a qu'une vanne ouverte en dessous, et que, par conséquent, l'eau s'introduit de manière que la colonne circulaire agisse de toute sa hauteur, tandis que, dans l'application, il n'en est plus ainsi; le volume d'eau débité par la roue se règle en effet par cette vanne en dessous et par une vanne en dessus, celle-ci ayant pour but de diminuer la colonne d'eau, c'est-à-dire de faire perdre une chute, pour parer aux résistances variables périodiques, comme on le verra dans la comparaison que nous allons faire sur l'application de la roue à palettes inclinées et de la roue-turbine de côté aux élévations des eaux.

Ajoutons encore que, aujourd'hui, tout constructeur veut faire des turbines, et comme cette machine demande, pour son tracé rigoureux, des connaissances mécaniques plus grandes que pour le tracé des roues de côté, on y échoue assez souvent, et c'est ce qui a pu, dans certains cas, jeter une certaine défaveur sur ces moteurs modernes.

COMPARAISON DE LA ROUE SAGEBIEN ET DE LA ROUE-TURBINE

APPLIQUÉES TOUTES DEUX AUX ÉLÉVATIONS D'EAU.

Dans les élévations d'eau on a toujours à vaincre des résistances variables, non-seulement parce que l'on ne peut pas grouper un nombre assez considérable de pompes pour équilibrer la pression constante sur la roue de la colonne d'eau circulaire; mais il peut y avoir aussi dans chacune des pompes une résistance passive plus grande à un moment qu'à l'autre.

2...

Prenons pour point de départ l'usine de Saint-Maur. Ici chaque roue-turbine mène une seule pompe à double effet et à piston plongeur. Cette pompe nécessairement possède deux points morts à chaque tour de roue où la résistance est complétement nulle, et deux autres points où la résistance maximum est représentée par $\frac{1}{2}$ environ de la résistance moyenne. En conséquence, il faudrait que la hauteur de la colonne d'eau circulaire de la chute, agissant sur la roue de côté, variât, soit en surface, soit en hauteur, de 2 à 3, pour vaincre la résistance maximum. Mais la surface ne pouvant augmenter qu'en faisant mouvoir la vanne, ce qui ne peut se faire à chaque instant, il faut donc faire varier la hauteur de la colonne d'eau circulaire et faire le sacrifice de 3 pour obtenir 2, et cela en dehors de toute autre perte, cette perte de $\frac{1}{3}$ affectant le rendement accusé par le frein, qui offre, lui, une résistance rigoureusement constante. Telle est la perte d'effet utile qu'il faudrait subir si l'on appliquait la roue de côté à faire mouvoir la pompe à double effet et à piston plongeur que la roue-turbine met en action dans l'usine de Saint-Maur. La roue-turbine en dessous ne sacrifie rien de la puissance qu'elle tire de la chute, car la force vive dont elle est animée fait qu'elle reçoit un travail dont elle emmagasine une portion au passage des points morts de la pompe, pour ensuite la restituer au passage des maximums de résistance.

Ce résultat est obtenu par une puissance vive que les roues de côté sont bien loin de posséder, comme nous allons le voir. En effet, la roue-turbine a la plus grande partie de son poids placée vers sa circonférence extérieure; on peut facilement admettre que la masse de la totalité du poids de la roue vient agir comme force vive aux $\frac{80}{100}$ du rayon; or, comme cette roue pèse 30 000 kilogrammes, et que sa vitesse à la circonférence, avec 8 tours par minute, est, en nombre rond, de $4^m,50$, le travail latent qu'elle possède par sa vitesse acquise et représenté par sa demi-force vive, est de

$$\frac{30\,000}{2\,g} \times \overline{0,80 \times 4^m,50}^2 = 19450^{\text{kgm}}.$$

Prenons maintenant une roue de côté de pareille force, celle de Trilbardou, par exemple. Supposons un poids de 100 000 kilogrammes; son centre d'action est bien plus rapproché de l'axe que dans la roue-turbine; nous admettrons que sa masse est aux $\frac{1}{2}$ du rayon extérieur, et que sa vitesse à la circonférence est de $0^m,700$, vitesse qu'il ne faut pas dépasser, ainsi que le conseille l'inventeur de cette roue, et ainsi que le montrent les calculs des tableaux précédents. Dans ces conditions, le travail latent accumulé dans cette roue est représenté par

$$\frac{100\,000}{2\,g} \times \overline{0,60 \times 0^m,70}^2 = 885^{\text{kgm}}.$$

Mais le nombre de révolutions par minute que ferait une pompe mue par la roue de Trilbardou étant de 4 au lieu de 8 qu'il pourrait être étant mue par une roue de Saint-Maur, cette force vive ne produira que la moitié de son effet, soit $442^{\text{kgm}},5$ qui, comparés avec 19540 kilogrammètres, force vive de la roue-turbine de Saint-Maur, donnent un rapport de $\frac{442.5}{19450} = 0,0227$, soit 2,27 pour 100.

Donc, le seul moyen de se tirer d'affaire dans une pareille application, c'est de compliquer les machines élévatoires en construisant un plus ou moins grand nombre de pompes distribuées convenablement autour de la circonférence de la roue, afin d'arriver à équilibrer le plus possible l'effort moteur rigoureusement constant agissant à la circonférence de la roue.

Citons ici l'exemple de Marly, où l'on a placé ainsi quatre pompes à simple effet autour de la circonférence de la roue. On a réduit ainsi la perte, comme l'indique le tracé, à $\frac{1}{8}$, soit 12,5 pour 100 de la force accusée par un frein qui serait placé sur la roue. Voulant diminuer de plus en plus cette perte dans ces roues à vitesse très-lente, on propose de doubler le nombre de ces pompes, c'est-à-dire d'en mettre huit autour de la circonférence, au lieu d'une seule à double effet, comme à Saint-Maur. La perte alors se réduit à 3 pour 100. Mais, à mesure qu'on réduit ainsi cette perte théorique, une autre perte, qu'il faut toujours admettre pratiquement, prend de la valeur : c'est celle qui est due à la variation de résistance passive des pompes qui augmente à un moment donné la résistance moyenne. En effet, quand on a un grand nombre de pompes, les résistances passives de chacune d'elles ne sont pas toutes égales, et nous admettrons que cette variation, qui peut atteindre un chiffre assez élevé, ne soit ici que de 3 pour 100. On aura donc, pour la variation de la résistance moyenne théorique, 3 pour 100, plus 3 pour 100, soit 6 pour 100. C'est là la variation de résistances passives qu'on ne peut vaincre qu'au moyen de la force vive possédée par la roue. Or, la roue-turbine de côté marchant avec une vitesse à la circonférence de 1 mètre par seconde, possédera juste la force vive nécessaire (en lui attribuant une variation de vitesse compatible avec la pratique) pour vaincre cette variation de résistance de 6 pour 100; la roue de côté à aubes inclinées, qui ne marche qu'avec $0^m,700$ de vitesse, ne pourra donc vaincre qu'une variation de résistance représentée par $6\,\text{p. }100 \times \left(\frac{0,7}{1,00}\right)^3 = 2\,\text{p. }100$, et sera par conséquent soumise à une infériorité de 4 pour 100 dans son rendement apprécié par le travail mesuré au frein, rendement qui est déjà inférieur à celui de la roue-turbine de côté, ainsi que le montre le tableau. En conséquence, la roue-turbine de côté devra être préférée, à prix égal, à la roue à aubes inclinées. En présence de cette comparaison des deux systèmes, je me suis demandé s'il ne conviendrait pas mieux de diminuer le nombre de pompes porté à huit dans la combinaison ci-dessus et de faire simplement un groupe de trois pompes à double effet et à pistons plongeurs, qui pourrait donner, tout en simplifiant les machines, le même résultat à peu près; c'est le tracé qui est représenté *fig.* 2. Non-seulement on simplifierait ainsi les organes de frottement d'un entretien fort coûteux, mais, avec cette disposition combinée avec la double machine qu'on exige dans le nouveau programme des sources basses de la Vanne, on pourrait facilement faire marcher l'un ou l'autre groupe de pompe par la même roue.

ÉLÉVATION D'EAU GÉMINÉE,

PROJETÉE POUR L'ÉLÉVATION DES SOURCES BASSES DE LA VANNE.

La combinaison que j'ai cherchée pour assurer le service régulier de cette élévation d'eau consiste dans la disposition de moteurs et de pompes perfectionnées ; les pompes devant être mues indifféremment par l'un ou l'autre des moteurs, afin que l'on puisse utiliser d'une manière rationnelle la chute d'eau par des récepteurs recevant leur action motrice du poids de l'eau même. J'ai donc disposé les pompes de manière que leur résistance totale fût sensiblement constante, pour qu'il y ait toujours équilibre entre la résistance et la puissance motrice.

J'ai pu, ainsi qu'on va le voir, me dispenser d'employer les engrenages qu'exigent les roues de côté à aubes inclinées, en donnant au moteur que j'ai choisi une vitesse à la circonférence que ne peut atteindre cette roue ; ce qui permet de vaincre par la force vive du moteur les faibles variations de résistance des pompes, résistances qui se composent du poids de la colonne ascensionnelle et des frottements variables des organes : pistons, bielles, glissières, etc. On comprend déjà les avantages que peut donner un pareil système, qui supprime le frottement des engrenages préjudiciable à l'effet utile, et les accidents auxquels ils donnent lieu, ce qui se voit assez souvent quand ces engrenages sont soumis à des efforts considérables.

L'ensemble du système de pompes à double effet et à piston plongeur permet de résoudre l'importante question d'éviter un chômage en temps de basses eaux, et cela quand même un ou plusieurs corps de pompe appartenant à l'une et à l'autre roue à la fois seraient en réparation.

Pour effectuer l'élévation d'eau géminée, je place les deux moteurs à chaque extrémité de l'usine, et je dispose entre eux la chambre des pompes. Au moyen de deux manivelles en fer, dont l'une a l'œil ovalisé, comme cela se fait dans les arbres intermédiaires des machines de bateaux, je rends l'aplomb de l'arbre de la roue complétement indépendant de l'aplomb de l'arbre des pompes, ce qui permet de rapprocher au besoin la circonférence de la roue de son coursier circulaire pour empêcher les fuites d'eau sans que la transmission faite directement aux pompes puisse nuire à leur bon fonctionnement.

L'adoption de ces manivelles facilitera aussi le désembrayage de l'une des roues, disposition prise pour que l'on puisse au besoin fonctionner avec une roue seule. Les pompes sont à double effet, et disposées par groupe de trois pour chaque roue ; mais elles peuvent aussi fonctionner comme pompes à simple effet et former alors quatre groupes de trois corps chacun ; car on peut toujours ne faire fonctionner qu'un côté de la pompe à double effet, soit en soulevant le clapet d'aspiration du corps que l'on veut paralyser, et alors l'eau rentre et sort par la même soupape ; soit en ouvrant un robinet sur ce corps de pompe, afin de laisser entrer et sortir l'air librement devant le piston. On ne perdrait ainsi que un ou deux millièmes d'effet utile en eau montée. Pour faire connaître, en divisant ainsi les pompes en quatre groupes, les combinaisons que l'on peut faire au moment des basses eaux, c'est-à-dire au moment où une seule roue fonctionne, afin d'être assuré d'élever entièrement l'eau de la source disponible, nous nommerons a, b, c, d, ces quatre groupes, et à l'examen de la *Pl.* 1 *bis* on peut voir qu'on peut marcher soit avec a et b, ou c et d, ou a et c, ou b et d, sans qu'il y ait moins de régularité que si toutes les pompes fonctionnaient.

Ces quatre groupes sont mus par deux arbres coudés reliés ensemble par un manchon pour que les deux roues puissent au besoin marcher solidairement en temps de hautes eaux. D'après l'épure faite sur la roue-turbine de côté (*fig* 2.), on voit que la variation de résistance avec six pompes n'est que d'environ $\frac{1}{15}$; et comme les points maximums et minimums de résistance se répètent vingt-quatre fois par tour, et que la roue-turbine de côté fait trois tours par minute, il s'ensuit que ces maximums et minimums de résistances sont atteints soixante-douze fois par minute, c'est-à-dire plus d'une fois par seconde. Dans ces conditions, la moindre force vive de la roue sera suffisante pour détruire l'effet de la faible variation de la résistance.

Cette étude d'élévation d'eau géminée m'a été inspirée par l'espèce d'engouement survenu dans ces derniers temps pour l'utilisation du poids de l'eau au moyen d'appareils qui pèsent généralement huit à dix fois plus que ceux qui utilisent sa force vive. Ainsi, par exemple, la roue de côté à aubes inclinées de Serquigny, pesant, avec ses engrenages, au moins 60 000 kilogrammes, transmet un travail qui aurait pu être effectué par une turbine à grand effet utile (*Pl.* de l'étude comparative de l'effet utile théorique, *fig.* 5), pesant au plus 6000 kilogrammes, qui n'aurait pas coûté le sixième du prix de la roue de Serquigny avec ses engrenages. Je comprends cet engouement de la part des industriels qui ne sont pas aptes à comprendre les principes des forces vives et l'action exercée sur une aube courbe par l'eau animée de vitesse ; mais il ne devrait pas être partagé par des ingénieurs sortis de l'illustre École Polytechnique. Voulant donner quelque satisfaction à cette préférence pour l'utilisation du poids de l'eau agissant comme colonne circulaire sur des aubes planes, je me suis proposé de résoudre le problème suivant :

Donner un mouvement parfaitement régulier, par une force rigoureusement constante appliquée à une circonférence, roue à poids, à des pompes dont la résistance est essentiellement variable.

Je crois l'avoir complétement résolu en disposant les groupes de pompes de mon système, ainsi qu'il a été dît plus haut.

Pour avoir une juste idée des avantages qu'offre cette élévation d'eau géminée, revenons encore sur ce qui se passe dans les machines élévatoires de Marly, par exemple. Le tracé de l'inégalité des résistances est représenté *Pl.* de l'étude comparative de l'effet utile théorique, *fig.* 3, et l'on voit que, ces roues ne possédant qu'une force vive insignifiante, il faut que la dépense d'eau correspondante à l'effort moyen soit constamment égale à la dépense nécessaire pour vaincre l'effort maximum, afin que la roue ne s'arrête pas au moment où celui-ci se produit. C'est à cet effet que l'on a adopté pour ces roues une vanne avec tête d'eau de $0^m,800$ environ au lieu d'une vanne en déversoir. Cette disposition donne lieu à une perte qui, dans ce cas, est de $\frac{1}{8}$, soit 12 pour 100 environ, moins une très-petite puissance vive que prend la roue au moment des minimums et quelle restitue au moment des maximums ; mais cette puissance vive n'est qu'une fraction très-faible de ces 12 pour 100.

Supposons maintenant qu'une des quatre pompes que fait mouvoir chaque roue de Marly se trouve en réparation et qu'on veuille marcher avec les trois autres, si toutefois cela était possible : comme il faut toujours que la colonne d'eau circulaire fasse équilibre au maximum de résistance qui n'est pas changé, il s'ensuit que la perte que l'on fera dans ce nouveau cas sera augmentée de 25 pour 100, puisque l'eau montée sera réduite à 75 pour 100 de ce qu'elle était avec les quatre pompes ; donc, perte totale, $25 + 12 = 37$ pour 100. On peut comprendre quels graves accidents seraient à redouter dans de pareilles conditions, la roue devant forcément subir de très-grandes variations de vitesse. Ces considérations font voir combien il serait avantageux d'employer des moteurs qui, par l'effet de leur force vive, peuvent supprimer toutes les pertes dues aux résistances variables. D'ailleurs, tout le monde sait que la machine à vapeur la plus économique est celle qui possède dans son volant une quantité de force vive suffisante pour parer aux variations de sa puissance transmise rectilignement, et aux variations de résistance des engins qu'elle met en mouvement.

Les constructeurs des machines à vapeur aiment mieux adopter un fort volant pour régulariser ces machines que de construire huit cylindres donnant naissance à huit bielles et seize glissières, vu que le dérangement d'un seul de ces nombreux organes paralyserait le travail de la machine. Dans les élévations d'eau, la roue-turbine en dessous fait l'office à la fois de récepteur de force et de volant, serait-ce parce qu'elle remplit cette double condition, qu'il faudrait la rejeter loin de tout concours ? Je ne le pense pas. D'ailleurs les roues de ce système établies à Saint-Maur parlent assez en leur faveur, puisque tout en donnant un grand rendement en eau montée, elles peuvent marcher avec un regard d'aval considérable, et fonctionnent encore avec presque toute leur puissance, alors que les turbines Fourneyron placées à côté d'elles s'arrêtent malgré la réputation qu'ont ces machines de marcher sous l'eau.

J'ai cru même nécessaire de faire l'étude d'une élévation d'eau géminée avec ces roues-turbines en dessous, comme moteur ; c'est ce que représente la *Pl. II bis.*

Les pompes à double effet et à pistons plongeurs adoptées dans les deux projets d'élévation d'eau géminée sont munies de tous les perfectionnements que j'ai apportés dans ces derniers temps à ces machines, perfectionnements qui ont été appliqués avec empressement par M. l'Ingénieur des eaux et machines de la ville de Paris aux premières pompes que j'avais construites pour l'usine de Saint-Maur. Il serait à désirer pour le progrès que l'invention trouvât toujours un semblable empressement de la part des ingénieurs.

Nous connaissons déjà le mode d'action de l'eau sur les aubes courbes de la roue-turbine de côté, tant pour l'action de sa force vive à l'entrée sur les aubes que pour l'action de son poids agissant comme colonne d'eau circulaire. Il nous reste à expliquer le mode de vannage pour admettre et retirer l'eau par des directrices qui ont une forme un peu différente de celle des roues-turbines en dessous. Ces directrices sont figurées sur la *Pl. III bis* représentant l'ensemble de la roue-turbine de côté ; elles admettent l'eau sous des angles différents contrairement à celles de la roue en dessous ; elles sont en tôle très-mince pour assurer la continuité des filets liquides pénétrant dans les aubes. J'ai fixé à six le nombre des canaux adducteurs formés par deux directrices consécutives ; on peut l'augmenter lorsque le niveau d'amont est assez variable. Dans le tracé de la *Pl. III bis,* nous avons supposé ce niveau à peu près constant. Les adducteurs inférieurs seront toujours ouverts en plein ; l'adducteur supérieur sera plus ou moins ouvert, afin de régler le volume débité par la roue.

C'est pour remplir cette double condition que j'ai imaginé deux vannes circulaires : la première et principale, ouvrant de haut en bas, c'est celle affectée aux adducteurs inférieurs ; l'autre s'ouvrant de bas en haut, réglant l'ouverture des adducteurs supérieurs.

Cette disposition de double vanne est celle qu'on donne habituellement aux roues de côté en général, car, quoi qu'on fasse, il faut toujours dans ces sortes de récepteurs avoir une tête d'eau vers l'amont, sacrifiant une petite portion de la chute pour parer aux résistances inégales très-rapprochées l'une de l'autre, attendu que l'on ne peut à chaque instant ouvrir et fermer les vannes d'admission pour augmenter ou diminuer la puissance du moteur.

En effet, supposons qu'on adopte dans une élévation d'eau huit pompes dont les boutons de manivelles divisent en huit parties égales la circonférence de la course. Si quelques-unes de ces pompes offrent une résistance plus grande que la résistance normale, soit par une augmentation de frottement des organes ou un serrage trop grand des presse-étoupe des pistons ; il faut alors, pour ne rien perdre de l'effet utile donné par le moteur, au moment où se fait sentir le maximum de résistance de ces quelques pompes, qu'on puisse ouvrir la vanne pour agrandir en quelque sorte la section de la colonne d'eau circulaire, ce qui pratiquement est tout à fait impossible; on doit donc se résigner à perdre une certaine chute surtout dans la roue à aubes inclinées, puisque la force vive qu'elle possède est presque insignifiante, et ne peut régulariser que le tiers de la variation de résistance que régularise la roue-turbine de côté. Il serait donc nécessaire, dans l'application de la roue à aubes inclinées, de former, comme pour les roues de Marly, une tête d'eau qui ferait perdre une chute trois fois plus grande que dans l'application de la roue-turbine de côté.

La vanne qui s'ouvre de haut en bas doit avoir, dans la roue-turbine de côté, une forme particulière, car non-seulement elle doit fonctionner entre les directrices et les aubes de la roue, mais elle doit aussi envelopper circulairement le coursier en fonte ou col de cygne. Celui-ci ne peut donc avoir de nervures extérieures pour sa consolidation; et il faut trouver le moyen de le maintenir par sa partie supérieure à un point fixe, sans gêner le fonctionnement de la vanne circulaire. A cet effet, je fends cette vanne à sa partie inférieure pour laisser passer des agrafes qui consolident le col de cygne, et, pour que ces fentes n'empêchent pas le bon fonctionnement de ladite vanne, je fais venir de fonte à son extrémité inférieure un contre-fort concentrique que je relie avec des cloisons très-rapprochées l'une de l'autre, laissant entre elles l'espace nécessaire pour le libre passage des agrafes.

Afin d'empêcher les pertes d'eau qui pourraient se faire à travers les fentes de cette vanne circulaire, je dispose les entretoises en fonte du distributeur sur lesquelles sont rivées les directrices en tôle, de manière à ce qu'elles se trouvent en face de ces fentes et leur servent d'obturateur. D'après la disposition de cette vanne, on voit que lorsqu'elle ne sera pas ouverte en plein, il restera entre elle et les aubes un jeu formé par celui que doivent avoir les aubes dans le coursier, plus l'épaisseur du col de cygne; de telle sorte que l'eau contenue dans les premières aubes d'amont pourrait s'échapper par ce jeu en quantité assez grande, ainsi que cela arrive, dans des proportions un peu moindres, dans l'intervalle formé par la vanne rectiligne et le col de cygne des roues de côté ordinaires. Il est très-rare que l'on puisse rapprocher dans ces dernières la vanne rectiligne assez près des aubes pour éviter cette perte; il y a toujours d'ailleurs l'épaisseur du col de cygne. C'est cette lacune des coursiers circulaires à vannage que le principe même de la vanne circulaire me permet de faire disparaître d'une manière complète, et cela en fixant à la partie supérieure de celle-ci une contre-vanne fort mince en tôle de fer ou même d'acier, de manière que cette contre-vanne puisse circuler entre le col de cygne et les aubes, ce qui n'offre aucun inconvénient, attendu que réduite à l'épaisseur de 1 millimètre, elle aura une très-grande flexibilité, et pourra céder à l'action d'un corps étranger introduit accidentellement entre elle et l'aube. Par cette disposition, l'eau introduite par les directrices dans les aubes se trouvera immédiatement enclavée dans un véritable coursier circulaire, sans passer par des intervalles rectilignes; et on pourra profiter de ce principe que nous avons indiqué dans la comparaison faite précédemment, consistant en ce que l'eau déposant sur les aubes courbes une certaine force vive et s'élevant à une certaine hauteur en vertu du mouvement relatif, maintiendra son niveau dans les aubes, puisqu'elle se trouvera rigoureusement enfermée dans le coursier circulaire.

L'appareil distributeur permet non-seulement de maintenir, ainsi qu'on le verra dans la légende explicative, la poussée de l'eau sur le col de cygne, mais il permet aussi de maintenir la vanne d'en bas, lorsqu'elle est poussée par l'eau d'amont; car cette vanne prend son point d'appui sur l'extrémité inférieure du distributeur pour contre-balancer l'effort de la poussée. Il en est de même de la vanne circulaire de tête d'eau, lorsqu'elle est poussée moins fortement, il est vrai, par l'eau d'amont.

Ces deux vannes sont mues par des crémaillères en fonte ou en fer à la manière ordinaire; mais, dans la roue-turbine de côté, au lieu d'être rectilignes, elles sont circulaires.

Lorsqu'on veut apporter un perfectionnement véritable dans un moteur hydraulique, il faut commencer par travailler le principe de l'action de l'eau, et en suivre toutes les phases pour bien examiner où se produisent les pertes théoriques; c'est un moyen de ne pas faire fausse route, et, à la suite de cette étude théorique, il faut disposer tous les organes d'admission de l'eau pour obtenir un moteur pratique : c'est ce procédé que je crois avoir suivi. Ensuite, lorsqu'on veut appliquer ce moteur à faire mouvoir certains engins (des pompes, dans le projet qui nous occupe), il faut combiner ces engins avec le moteur pour arriver au maximum d'effet utile et de bon fonctionnement. Or si, pour les chutes de la rivière de la Vanne, on veut utiliser le poids de l'eau de préférence à sa force vive, ce dont je ne vois pas le motif, en adoptant pour cela des roues à palettes emboîtées dans un coursier circulaire, il faut reconnaître en principe :

1° Qu'on doit donner la préférence à l'élévation d'eau géminée, indépendamment du choix du moteur;

2° Que le moteur le plus convenable en ce cas doit naturellement être celui qui donne le meilleur rendement, surtout s'il possède à la circonférence une vitesse plus grande que les autres pour vaincre les résistances variables périodiques inhérentes au travail à effectuer;

3° Qu'il faut choisir les appareils les plus simples, qui donnent une régularité parfaite, sans avoir recours à une transmission par engrenages, transmission incompatible avec un mouvement doux et régulier, et qui, de plus, prend au moteur, quoi qu'on en dise, un certain travail par le frottement des dents, sans compter le frottement considérable des tourillons supportant ces grosses roues d'engrenages.

On peut donc dire que le projet d'élévation d'eau effectué par roue-turbine de côté avec la disposition géminée qui remplit toutes ces conditions variées, ne saurait être repoussé, si surtout la dépense pécuniaire nécessitée par ce projet se trouve très-inférieure à celle des autres projets présentés.

Malgré les avantages que nous venons de faire connaître dans l'application de la roue-turbine à un système d'élévation d'eau géminé pour l'élévation des sources basses de la Vanne, je me permettrai de faire observer qu'il serait encore plus rationnel de faire cette élévation d'eau par une roue-turbine en dessous formant aussi élévation d'eau géminée. La première raison que je donnerai pour justifier ce choix, c'est que l'effet utile en eau montée dans une marche régulière serait sensiblement le même qu'avec la roue-turbine de côté; car, si la roue-turbine en dessous, dont l'effet utile théorique est plus grand que celui de la roue de côté, pèche par l'influence du frottement de l'eau sur les aubes s'y mouvant avec une grande vitesse, d'un autre côté les roues en bois ont souvent des aubes ébréchées qui demandent de fréquentes réparations, ce que l'on ne fait pas toujours. D'une autre part, le jeu entre les aubes et le coursier, qu'on peut diminuer au moment de l'expérience, ne reste pas longtemps dans cet état, et ces deux causes font perdre nécessairement des quantités d'eau qui deviennent très-sensibles. Enfin, l'absence d'une force vive suffisante dans ces roues fait que, si le conducteur des machines serre un peu plus le presse-étoupe d'une pompe pour en diminuer les fuites, il donne lieu à une résistance plus grande en ce point, ce qui exige dans la roue une colonne d'eau plus grande pour la vaincre, et par conséquent une dépense d'eau motrice plus grande que celle exigée si les forces vives étaient suffisantes pour répartir ces résistances variables.

Enfin, il y a aussi la considération de la dépense d'installation qu'il faut faire entrer en ligne de compte, tant pour les appareils de machines que pour ceux de travaux de préparation.

Je crois donc que, tout bien considéré, on devrait donner la préférence à un projet d'élévation d'eau géminée, effectuée par *roues-turbines en dessous*, semblables à celles de Saint-Maur, celles-ci possédant à la circonférence une grande force vive. La *Pl. II bis* fait voir cette disposition, qui se rattache au premier programme de l'élévation des sources basses de la Vanne, donné en mai 1868, et qui convient très-bien aussi aux conditions du nouveau programme. Dans ce projet, les deux pompes doubles à double effet pourront marcher avec les deux roues-turbines : c'est lorsque l'on aura de l'eau suffisamment ou en abondance ; mais, pour la marche à l'étiage, en basses eaux, une seule roue-turbine fera le service, et, par la disposition géminée, on pourra faire mouvoir séparément l'une ou l'autre des pompes à double effet, et, comme il y en a quatre, on pourrait avoir quatre ordres de marche effectués par l'une ou l'autre des roues, sans avoir besoin ici de faire marcher les pompes à simple effet, puisque la roue-turbine en dessus, par sa force vive, peut tout aussi bien actionner deux pompes avec manivelles diamétralement opposées (Saint-Maur), qu'avec manivelles à angle droit (Isles-les-Meldeuses).

NOTE EXPLICATIVE DES PLANCHES.

PLANCHE

DE L'ÉTUDE COMPARATIVE DE L'EFFET UTILE THÉORIQUE DES MOTEURS HYDRAULIQUES.

Fig. 1. — La figure représente une roue de côté ordinaire avec aubes radiales *a* et contre-aubes *b*; l'eau y est admise par une vanne en déversoir sur laquelle il passe une lame d'une certaine épaisseur qui pénètre dans la roue avec vitesse et vient choquer sur la contre-aube *b*. Il y a donc dans ces roues une perte d'effet utile à l'entrée d'autant plus grande que la roue marche plus vite.

Fig. 2. — La figure représente le tracé théorique d'une roue-turbine de côté, ainsi dénommée parce que l'eau utilise une partie de sa force vive à l'entrée sur des aubes courbes, et qu'elle est admise dans la roue sans choc à l'aide d'une série d'orifices adducteurs A formés par des directrices d'une inclinaison convenable. De plus, elle est munie d'un système particulier de vaunage formé par deux vannes circulaires de prise d'eau T et V mues par la transmission de mouvement M. On trouvera une description détaillée de la roue et du vannage à la *Pl. III bis.* La vitesse normale de cette roue est de 1 mètre par seconde à la circonférence; elle est représentée en grandeur et direction par la portion de circonférence qui sépare deux aubes consécutives, et on voit, par un tracé graphique fait à l'extrémité des aubes plongées dans le bief d'aval, quelles sont dans ces conditions les différentes valeurs des vitesses relatives de sortie de l'eau dans l'aube et des vitesses absolues horizontales d'écoulement de l'eau dans le canal de fuite. On remarquera que l'eau sortant des aubes en aval exerce une action positive sur la roue par l'effet de sa force centrifuge lorsqu'elle glisse sur la partie courbe de ces aubes. Cette roue peut être appliquée avantageusement pour faire mouvoir sans engrenages des pompes à simple ou double effet, disposées convenablement autour de la circonférence de la course, ainsi que le montre la *Pl. I bis.* On voit, au centre de la roue, des tracés de courbe indiquant les variations de résistance, selon qu'on emploie trois ou six pompes. Dans le cas de six pompes, la courbe des variations de résistance se rapproche

beaucoup de la circonférence indiquant la résistance moyenne constante; la différence en plus et en moins n'est guère que de $\frac{1}{17}$ de cette résistance moyenne.

Avec trois pompes, les maximums et minimums ont lieu six fois par tour de manivelle, tandis qu'avec six pompes ils se retrouvent douze fois par tour.

Fig. 3. — La figure représente une roue de côté à aubes inclinées du système de M. Sagebien. A l'extrémité des aubes plongées dans le bief d'aval on peut remarquer un tracé graphique semblable à celui dont il est parlé dans la précédente figure; dans ce tracé, la vitesse de le roue représentée par la portion de circonférence comprise entre deux aubes consécutives, n'est que de $0^m,700$, et on peut voir que, malgré cette marche plus lente, l'inclinaison des aubes donne lieu à une vitesse absolue de sortie beaucoup plus considérable que dans la roue-turbine de côté. Ainsi qu'il est dit dans le Mémoire, cette vitesse de sortie ne peut se produire qu'en vertu d'une surélévation de niveau de l'eau dans les aubes, qui atteint une valeur telle, que, lorsque la roue à aubes inclinées, marchant à $0^m,700$ de vitesse, est noyée des $\frac{4}{17}$ du rayon, l'eau en aval se déverse dans l'intérieur de la roue, ce qui constitue une marche impossible. La développante *cd* représente la forme qu'il faudrait donner aux aubes, si on voulait que l'eau s'écoulât horizontalement avec une vitesse constamment égale à celle de la roue; or, les aubes de la roue en question ont précisément une direction opposée, ce qui montre que la principale perte d'effet utile, dans ce moteur, se fait au débarquement, et cependant l'auteur, dans sa brochure, ne tient pas plus compte de cette perte que si elle n'existait pas.

Au centre de la roue on remarque un tracé de courbes indiquant les variations de résistance auxquelles donnent lieu quatre ou huit pompes à simple ou double effet qui seraient mues par ce moteur. La courbe, pour quatre pompes, représente les variations de résistance qui ont lieu dans les machines de Marly; on voit qu'elles sont assez sensibles. D'un autre côté, si on compare la courbe pour huit pompes avec la courbe de six pompes (*fig.* 2), on voit que huit pompes donnent beaucoup moins de régularité que six.

Fig. 4. — La figure représente le tracé théorique des aubes fixes et mobiles d'une turbine à libre déviation, à grand débit et faible effet utile. Les aubes fixes ou directrices forment les canaux injecteurs I', dans lesquels l'eau motrice prend la vitesse due à la charge génératrice et se dirige sur les aubes R' de la couronne mobile ou récepteur. Les inclinaisons des aubes fixes et mobiles sont combinées entre elles et avec les vitesses de l'eau et du moteur, de manière que l'entrée de l'eau dans l'aube se fasse sans choc et par conséquent sans perte d'effet utile.

Ne voulant pas rentrer ici dans un détail théorique rigoureux, ce qui a été fait déjà dans un ouvrage publié en 1863, ayant pour titre : *Hydraulique, utilisation de la force vive de l'eau appliquée à l'industrie* (1), j'ai voulu seulement montrer que les turbines pouvaient être construites de diverses manières pour donner plus ou moins d'effet utile, selon le prix que le client veut y mettre. Ainsi, la *fig.* 4 représente le moteur à bon marché, parce qu'il n'a besoin que d'une très-petite dimension pour débiter un grand volume d'eau. Il convient généralement pour l'utilisation des basses chutes à grands volumes. Exemple : Les roues-hélices de Noisiel-sur-Marne, chez M. Menier , qui débitent 12 à 15 mètres cubes par seconde sous une chute de 0^m,50 à 0^m,60.

La perte théorique, dans ce cas, correspond à une vitesse abandonnée à la sortie, égale à la moitié de celle d'arrivée, comme cela a lieu dans les roues en dessous par choc (anciennes roues de Marly). Ces dernières ne donnaient que 35 à 40 pour 100 d'effet utile lorsqu'elles étaient bien construites. Le tracé de la *fig.* 4 donne un effet utile théorique de 67 pour 100, et l'expérience a donné de 60 à 65 pour 100. Le déficit de 33 pour 100 est figuré par le rectangle *abcd*, qui représente 25 pour 100 de la chute, et par le triangle curviligne *bde* représentant une perte supplémentaire de 8 pour 100 due à la divergence des filets par le fait de l'évasement. Cet évasement, qui fait perdre 8 pour 100 d'un côté, permet d'éviter une perte de 25 pour 100, qui aurait lieu s'il n'était pas pratiqué.

Le tracé de la *fig.* 4 est donc celui qu'il faut suivre lorsque l'on veut, avant tout, établir un moteur au *meilleur marché* possible.

Fig. 5. — La figure représente le tracé d'une turbine à libre déviation, à petit débit et grand effet utile ; c'est le tracé qu'il faut suivre lorsque, ne tenant pas compte du prix, on veut obtenir le maximum d'effet utile.

A l'aspect de la *fig.* 5 on voit que la largeur des aubes, à la sortie, est presque double de celle des aubes (*fig.* 4) ; que les joues latérales sont beaucoup plus hautes, et qu'enfin l'épaisseur de la veine contenue dans les adducteurs 1 n'est guère que les $\frac{2}{3}$ de celle des adducteurs I'. On ne s'étonnera donc pas de trouver dans les turbines en général un effet utile très-variable, puisqu'il dépend essentiellement des sacrifices d'argent que veut s'imposer le client. On voit cependant des industriels qui n'hésitent pas, pour installer certaines roues en bois d'un grand cube, à dépenser jusqu'à 50 ou 60 000 francs, tandis qu'ils pourraient, en faisant un sacrifice un peu plus grand que celui nécessité par une turbine ordinaire, établir une turbine à grand effet utile qui donnerait un rendement au moins égal sinon supérieur à celui du moteur encombrant (roue en bois à marche lente) et qui coûterait trois ou quatre fois moins cher. Mais, quand un industriel se décide à installer une turbine , le plus souvent il ne tient aucun compte du rapport qui existe entre le prix et l'effet utile, et il s'adresse au constructeur qui fait le meilleur marché.

Dans le tracé *fig.* 5, les pertes théoriques d'effet utile sont représentées, comme dans le tracé *fig.* 4, par le rectangle *abcd* et par le triangle *bde*; elles sont égales à 4 $\frac{1}{2}$ pour 100, c'est-à-dire que l'effet utile théorique est, pour ce moteur, de 95,5 pour 100. Dans ce rendement théorique, l'évasement des aubes a une large part ; car s'il n'avait pas été pratiqué, la vitesse abandonnée à la sortie aurait été 3 fois plus grande, et la perte, par conséquent, 9 fois plus considérable, c'est-à-dire égale à 27 pour 100 au lieu de 3 pour 100 : donc , bénéfice dû à l'évasement, $27 - 3 = 24 - 1\frac{1}{2}$ de perte due à la divergence des filets, soit 22,5 pour 100.

A l'examen du tableau comparatif des pertes théoriques d'effet utile dans les moteurs hydrauliques, on voit que la turbine tracée comme l'indique la *fig.* 5 est celui de tous les moteurs qui donne le plus grand effet utile théorique, malgré qu'il abandonne à sa sortie $\frac{1}{8}$ de la vitesse due à la chute. Il ne faudrait donc pas croire, à la vue des remous et du *tumulte* que produit cette vitesse abandonnée dans le bief d'aval, surtout par des turbines à haute chute, que ce tumulte implique une perte d'effet utile considérable ; les roues-turbines de Saint-Maur, par exemple, qui

---

(1) Chez Mallet-Bachelier, quai des Grands-Augustins, 55.

abandonnent l'eau à la sortie avec 2 mètres de vitesse, ne sont soumises par ce fait qu'à une perte théorique de 7 à 8 pour 100 d'effet utile.

Les roues-turbines de l'usine hydraulique de Saint-Maur, ainsi que la turbine de la filature de M. Révil, à Amilly (Loiret), sont des moteurs qui, sans atteindre le tracé de la *fig.* 5, se rapprochent beaucoup du maximum d'effet utile, et quoi qu'en dise M. Sagebien dans sa brochure (p. 6):« Qu'en
» pratique, les turbines descendent notablement au-dessous de l'effet utile
» trouvé lors des essais, pour lesquels, d'ailleurs, les fournisseurs ont
» soin de se placer dans les conditions, le plus souvent transitoires,
» qui peuvent le mieux favoriser le rendement pour leurs expé-
» riences. »

Or, je me demande si, dans les expériences qui ont été faites sur la turbine que nous avons installée chez M. Révil, à Amilly, et qui ont été présentées à l'Académie des Sciences dans sa séance du 21 juillet 1862, on s'est placé dans un état transitoire, et s'il était possible d'expérimenter la turbine dans des conditions plus variées, puisque l'on a obtenu successivement :

chev		lit
21,80	avec	1316,5
29,28	»	1708,4
30,91	»	2265,7
31,80	»	2796,7
52,52	»	2827,1
61,92	»	3365,0
72,00	»	3915,4
97,28	»	4728,6

avec un effet utile moyen de 75,4 pour 100 ; et cependant pour ce dernier volume de 4728^{lit},6, la turbine n'avait que les $\frac{48}{72}$ de ses orifices ouverts, c'est-à-dire que, si le débit de la rivière avait été suffisant au moment des expériences, on aurait pu débiter $\dfrac{4728^{lit},6 \times 72}{48} = 7092^{lit}$,9.

L'effet utile moyen aurait alors dépassé les 75,4 pour 100 obtenus.

Il est bon de remarquer que dans toutes ces conditions de marche, la turbine fonctionnait à 0^m,50 environ au-dessous du niveau d'aval, mais, grâce à l'appareil hydropneumatique et à la machine soufflante mise en mouvement par le moteur, on faisait baisser artificiellement ce niveau d'aval sous la chambre de la turbine ; et celle-ci tournait ainsi dans l'air comprimé. M. Sagebien ne savait probablement pas, lorsqu'il a publié sa brochure, que j'avais à ma disposition cet appareil hydropneumatique, qui permet de faire marcher la turbine sous l'eau sans qu'elle soit noyée.

Il est vrai que ledit appareil a été souvent critiqué, même par un professeur de mécanique du Conservatoire des Arts et Métiers, qui l'avait baptisé dans son cours du nom de *bête à chagrin*.

Il est probable que ce professeur avait eu connaissance de ce qui est arrivé au moulin du Roi, à Sens, chez M. Plicque, où l'appareil hydropneumatique n'a pas eu le même succès qu'à Amilly chez M. Révil, et dans bien d'autres endroits où il a été appliqué.

Or, la turbine du moulin du Roi avait essentiellement besoin de cet appareil, car, non-seulement elle avait été plongée sous l'eau d'aval, afin de pouvoir regagner de la chute par un dragage opportun, mais de plus, tournant à grande vitesse comme la roue-hélice de Noisiel, chez M. Menier, sa marche dans l'air comprimé était indispensable ; cela pour une troisième cause, c'est que le volume d'eau disponible dans la rivière était beaucoup plus faible que celui donné comme minimum par le propriétaire du moulin.

Or, il est arrivé un fait bien remarquable, c'est que la machine soufflante qui refoulait l'air dans la chambre de la turbine pour dénoyer celle-ci, ne pouvait jamais fonctionner qu'en ma présence ; c'était du moins le dire des employés préposés au service du moulin.

En effet, souvent nous sommes arrivés au moulin avec M. Plicque ; le soufflet était arrêté, nous le mettions en marche, et de suite on entraînait deux ou trois paires de meules en plus.

Les employés du moulin ayant fini par persuader M. Plicque que l'appareil hydropneumatique ne pouvait marcher qu'en ma présence, cela a déterminé le démontage de la turbine, remplacée par une roue de côté installée par un mécanicien qui est non-seulement le constructeur, mais aussi l'ami de M. Plicque, ainsi que ce dernier me l'a avoué, en ajoutant que ledit constructeur avait toujours vu avec peine l'installation d'une turbine au moulin de Sens. Aussi ce démontage, qui a été fait sans que l'auteur de la turbine ait été averti et mis en demeure de faire des expériences au frein pour constater le rendement, ainsi que le demandait l'équité en pareil cas, a jeté assez de bruit dans la contrée depuis dix ans, pour qu'aujourd'hui il puisse agir sur le choix que l'on fera des moteurs à appliquer aux usines hydrauliques de la dérivation de la Vanne, et cela malgré qu'il ait été construit depuis cette époque près de trois cents turbines à libre déviation sur le même système que celle incriminée, dont aucune n'a eu le sort de celle du moulin de Sens.

PLANCHE I *bis*.

ÉLÉVATION D'EAU GÉMINÉE PAR ROUE-TURBINE DE COTÉ ET POMPES
A DOUBLE EFFET ET A PISTONS PLONGEURS.

Fig. 1. — La figure représente le plan de l'installation qui se compose de deux roues-turbines de côté R placées aux extrémités du bâtiment et faisant mouvoir chacune trois pompes à double effet P. Les pompes occupent une grande salle rectangulaire; les roues sont disposées dans deux annexes accolées au bâtiment des pompes. Chaque groupe de trois pompes possède son arbre à triple manivelle, forgé d'une seule pièce. Ces deux arbres peuvent être assemblés par un manchon d'accouplement M, de manière que les manivelles forment entre elles l'angle le plus favorable pour la régularité de la marche; à cet effet, elles seront disposées comme l'indique la *fig.* 2. Les arbres des pompes sont reliés avec ceux des roues par des manivelles d'entraînement E, dont l'une a l'œil de son manneton ovalisé, afin de rendre l'axe de la roue indépendant de celui des pompes, comme cela est dit dans le Mémoire.

De cette manière, les deux roues peuvent actionner solidairement les six pompes, ou au besoin une quelconque des roues peut entraîner l'un quelconque des deux arbres à trois coudes, et même les deux à la fois.

Chaque groupe de trois pompes possède son aspiration et son refoulement distincts : l'aspiration se fait par les tuyaux A, lesquels sont encastrés dans le sol pour permettre la libre circulation; dans la salle des pompes, le refoulement se fait par les tuyaux F, lesquels sont suffisamment élevés pour qu'on puisse passer dessous.

L'origine des conduites ascensionnelles C est munie de réservoirs d'air B, dans lesquels aboutissent les tuyaux de refoulement des pompes.

Fig. 2. — La figure montre la disposition des manivelles de pompes lorsque les *deux groupes* seront accouplés.

Fig. 3. — La figure représente une élévation des roues des pompes, ainsi qu'une coupe transversale de celles-ci, dans laquelle on voit en A l'aspiration, et en F le refoulement. Sous chaque pompe existe une petite galerie G pour le clavetage des boulons de fondation. Une galerie longitudinale plus grande I, dans laquelle on pénètre par le puits P, donne accès dans toutes les galeries G.

PLANCHE II *bis*.

ÉLÉVATION D'EAU GÉMINÉE PAR ROUES-TURBINES EN-DESSOUS
ET POMPES DOUBLES A DOUBLE EFFET ET A PISTON PLONGEUR.

Fig. 1. — La figure est une coupe transversale de l'usine; on voit en C le canal d'amenée d'eau motrice, disposé dans l'axe longitudinal de l'usine, et dans lequel débouchent les canaux croissants C', amenant l'eau dans les coursiers des roues-turbines A, et servant aussi au clavetage des boulons de fondation des pompes. Ces canaux croissants peuvent être formés au besoin, dans le canal d'amenée C, par des portes à charnière représentées en P. L'extrémité débouchant dans les coursiers des roues est terminée par un distributeur en fonte D, lequel possède, à sa partie inférieure, des directrices en fonte injectant l'eau sur les aubes de la roue. L'arbre de chaque roue tourne dans deux paliers S placés l'un dans une niche pratiquée dans le mur de l'usine, et l'autre dans la salle des pompes. Celle-ci est séparée des coursiers de roues par deux cloisons en maçonnerie, munies de larges portes vitrées; de cette façon, les pompes sont complétement isolées des roues et à l'abri de l'humidité produite par celle-ci : ce qui constitue un perfectionnement apporté à la disposition de l'usine de Saint-Maur.

Les pompes doubles à double effet B, qui font mouvoir les roues, sont représentées coupées transversalement, suivant l'axe des boîtes à clapets; l'aspiration se fait en L, et le refoulement en R.

Les tuyaux d'aspiration G sont encastrés dans le sol afin de ne pas gêner la circulation dans la salle des pompes.

Fig. 2. — La figure montre en plan l'installation des pompes et des roues. Chaque pompe possède son arbre coudé V; ces arbres peuvent être reliés ensemble par un manchon d'accouplement, de façon que les vilbrequins se trouvent à angle droit.

Ces arbres coudés sont de plus assemblés avec les arbres des roues par des manivelles d'entraînement rapportées, semblables à celles décrites *Pl. I bis.*

Cette disposition particulière permet de faire fonctionner l'une quelconque des pompes ou les deux ensemble, par l'une quelconque des roues ou par les deux à la fois : c'est ce qui réalise le système géminé. On peut aussi, en débrayant des bielles, ne faire fonctionner au besoin qu'un seul côté des pompes doubles. Dans toutes les conditions de marche différentes, la force vive des roues-turbines sera suffisante pour assurer le mouvement régulier de pompes, comme à Saint-Maur.

On voit en K des réservoirs d'air pour les conduites d'aspiration et de refoulement; ils sont disposés aux quatre angles du bâtiment, de manière à utiliser les emplacements laissés libres de chaque côté des coursiers de roues. Les tuyaux d'aspiration et de refoulement, arrivant et partant de ces réservoirs d'air, sont noyés dans le sol.

PLANCHE III *bis*.

ROUE-TURBINE DE COTÉ ET DÉTAILS DE SON VANNAGE.

Fig. 1. — La figure représente la roue coupée perpendiculairement à son axe; les palettes en bois sont de trois hauteurs différentes; les plus petites A montent aux $\frac{3}{4}$ du rayon; les moyennes B à la $\frac{1}{2}$, et les plus grandes c aux $\frac{c}{15}$: ces dernières sont formées par deux courbes infléchies en sens contraire, raccordées ensemble par un alignement droit. La première partie des aubes, à la circonférence extérieure de la roue, est dirigée dans le sens du rayon. On voit de suite que l'ensemble de cette disposition permet de remplir les aubes à une grande hauteur et, par conséquent, de débiter un grand volume d'eau par mètre de largeur de roue, sans avoir l'inconvénient de relever l'eau en aval, comme le fait la roue Sagebien, à aubes inclinées. Quant à la construction, elle est exactement la même que celle des roues de côté ordinaires à palettes planes.

L'admission de l'eau dans cette roue se fait par des directrices en tôle D convenablement inclinées, pour que la roue marchant à sa vitesse normale, 1 mètre par seconde, l'eau entre dans les aubes sans choc. Ces directrices sont rivées sur les cloisons S d'un châssis en fonte boulonné sur le radier d'amont et encastré dans les bajoyers, ainsi que le montre la *fig.* 4; le tout forme ainsi l'appareil distributeur.

Deux vannes circulaires V et T règlent l'admission de l'eau; nous verrons plus loin comment elles fonctionnent.

Fig. 2, 3 et 4. — Ces figures représentent un détail du vannage de la roue-turbine de côté, lequel comporte deux vannes circulaires : l'une supérieure T, formant tête d'eau, est maintenue entre le talon t de l'appareil distributeur et entre un tablier fixe E qui lui sert de point d'appui. Ce tablier E existe sur toute la largeur du canal d'amenée; il est fixé à ses extrémités sur les bajoyers, et, à sa partie supérieure, il est muni de deux plaques en bronze sur lesquelles s'appuient les crémaillères de la vanne T, lorsqu'elles sont poussées par l'action des pignons de commande F.

La vanne V se meut circulairement dans une coulisse venue de fonte avec le col de cygne Y, et encastrée dans les bajoyers où elle est fixée par des pattes G. A cet effet, la vanne V est formée d'une plaque de fonte cintrée prenant toute la largeur du canal, et se terminant à ses extrémités par deux montants en forme d'U fondus avec elle et se mouvant dans les coulisses du col de cygne dont nous avons parlé plus haut. Avec ces montants sont assemblés les crémaillères H commandées par les pignons I, et s'appuyant sur des galets J montés sur le tablier E; ces crémaillères, pignons et galets sont nécessairement entaillés dans l'épaisseur de mur des bajoyers.

Il est nécessaire pour la consolidation du col de cygne Y, recevant la poussée de la vanne V, qu'il soit relié à sa partie supérieure avec l'appareil distributeur D; à cet effet, le premier possède deux tenons K fondus avec lui, sur lesquels vient s'agrafer le distributeur, convenablement fondu pour cela. Comme la vanne V s'appuie sur le col de cygne et qu'elle rencontre nécessairement les talons K, elle sera fondue à leur endroit sur toute la longueur de sa course, afin de permettre son mouvement. Les cloisons S ont été disposées en face de ces fentes pour éviter une perte d'eau. On voit en L une contre-vanne en tôle très-mince rivée sur le sommet de la vanne V, et qui a pour but d'empêcher les fuites entre celle-ci et les aubes, ainsi que cela est indiqué dans le Mémoire.

PARIS. — IMPRIMERIE DE GAUTHIER-VILLARS, RUE DE SEINE-SAINT-GERMAIN, 10, PRÈS L'INSTITUT.

Planches annexées aux calculs sur la statique des barrages et sur la résistance de leurs organes.

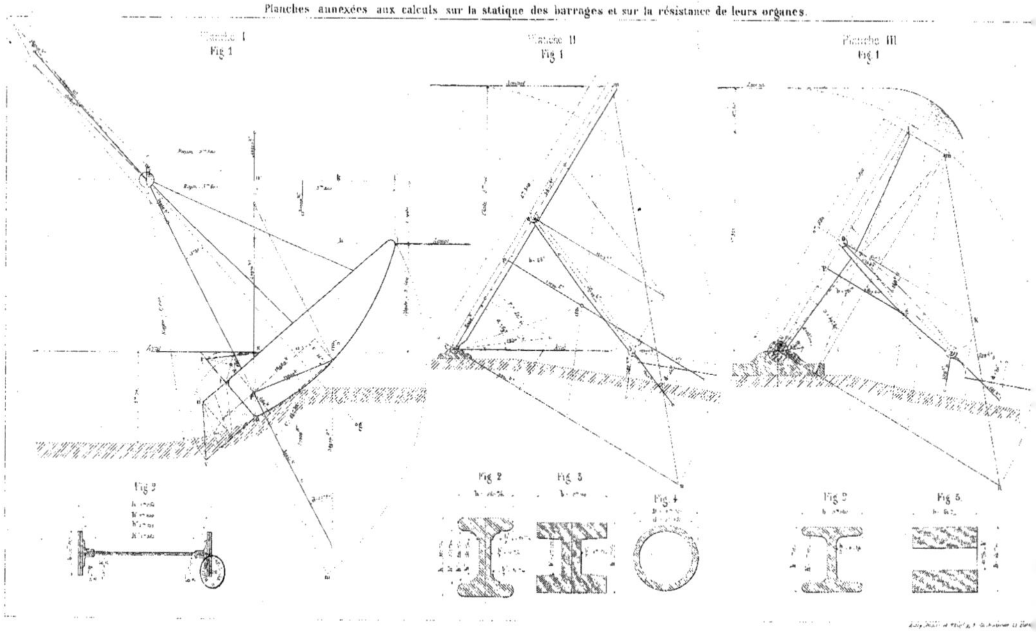

Planche I
Fig 1

Planche II
Fig 1

Planche III
Fig 1

Fig 2

Fig 2   Fig 3

Fig 4

Fig 2   Fig 5

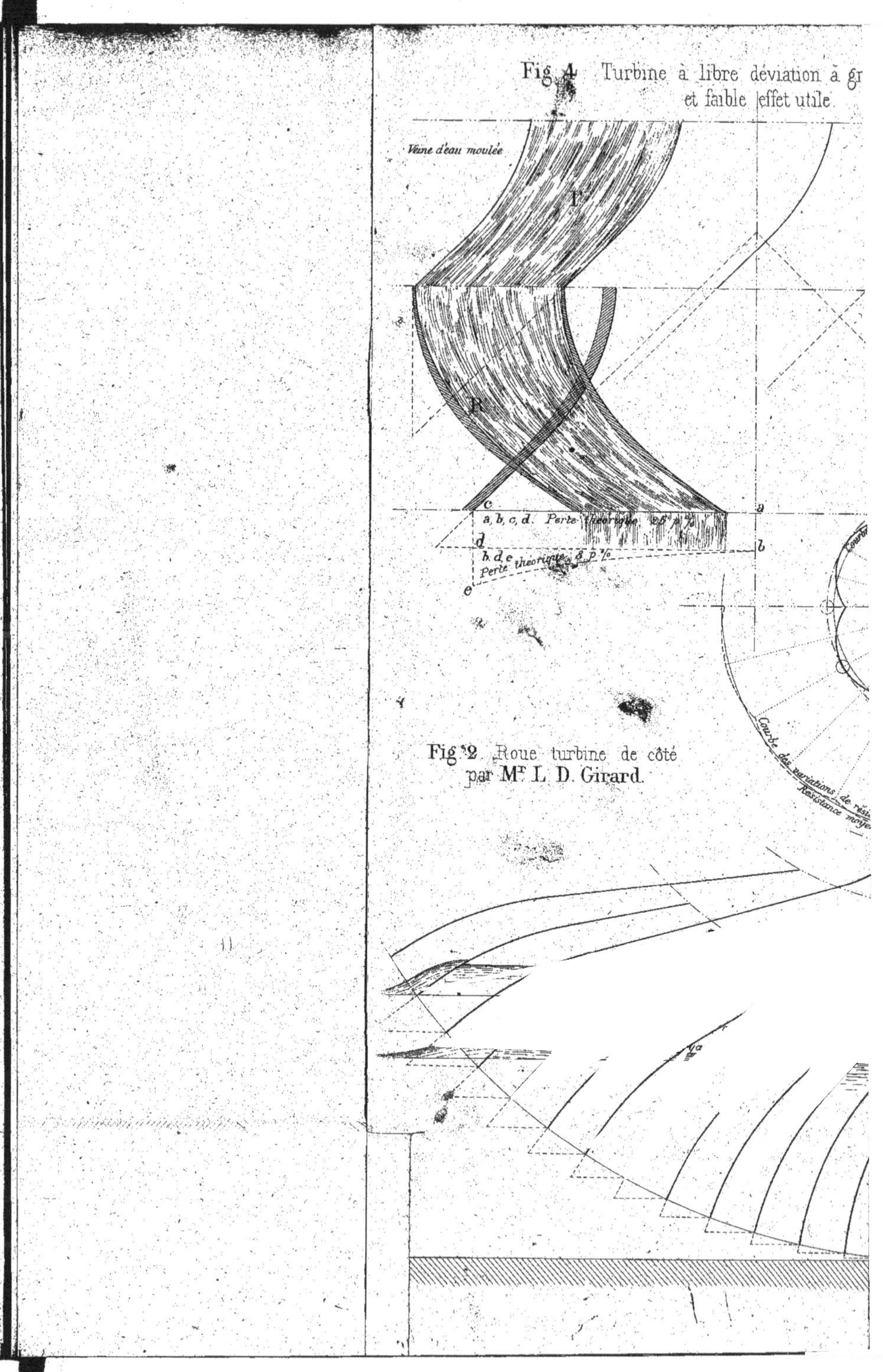

Fig. 4. Turbine à libre déviation à gr
et faible effet utile.
Veine d'eau moulée
a, b, c, d. Perte théorique 26 p %
b, d, e Perte théorique 8 p %
Courbe des variations de rési
Résistance moye
Fig. 2. Roue turbine de côté
par Mr L. D. Girard.

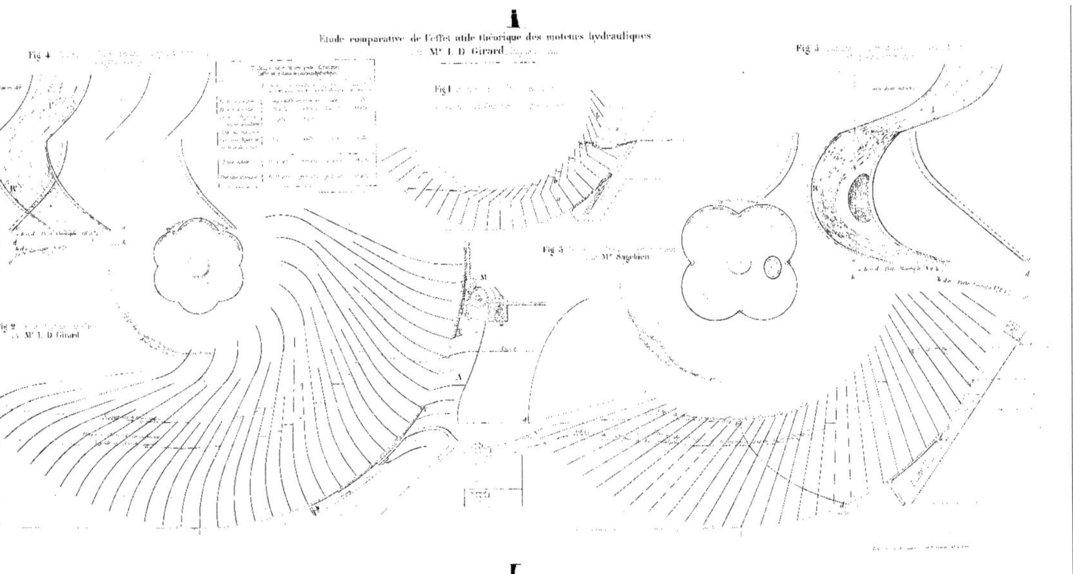

Etude comparative de l'effet utile théorique des moteurs hydrauliques
Mr L. D. Girard
Fig 4
Fig 2
Mr L. D. Girard
Fig 1
Fig 3
Fig 5
Mr Sagebien

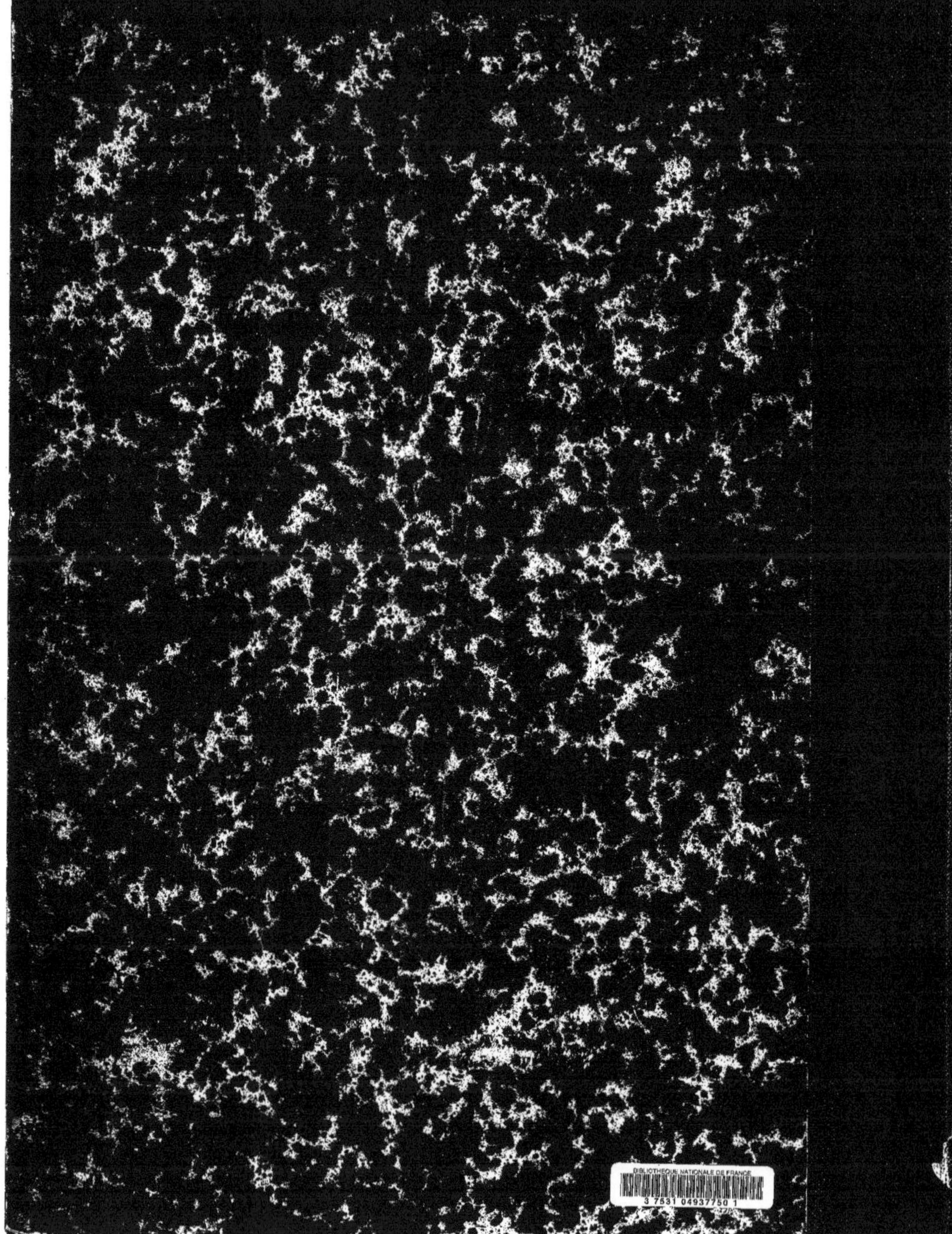
BIBLIOTHEQUE NATIONALE DE FRANCE
3 7531 04937750 1

9 782019 952846